世界就业和社会展望

2021年
趋势

国际劳工组织　著

闫雪莲　译

中国财经出版传媒集团

经济科学出版社
Economic Science Press

图书在版编目（CIP）数据

世界就业和社会展望2021年趋势 / 国际劳工组织著；闫雪莲译. —北京：经济科学出版社，2022.5

书名原文：World Employment and Social Outlook：Trends 2021

ISBN 978-7-5218-3642-4

Ⅰ. ①世⋯ Ⅱ. ①国⋯ ②闫⋯ Ⅲ. ①劳动就业–研究报告–世界–2021 Ⅳ. ①F249.1

中国版本图书馆CIP数据核字（2022）第068589号

责任编辑：吴　敏
责任校对：刘　昕
责任印制：张佳裕

世界就业和社会展望2021年趋势

国际劳工组织　著

闫雪莲　译

经济科学出版社出版、发行　新华书店经销

社址：北京市海淀区阜成路甲28号　邮编：100142

总编部电话：010-88191217　发行部电话：010-88191522

网址：www.esp.com.cn

电子邮箱：esp@esp.com.cn

天猫网店：经济科学出版社旗舰店

网址：http://jjkxcbs.tmall.com

北京季蜂印刷有限公司印装

880×1230　16开　9.25印张　160000字

2022年6月第1版　2022年6月第1次印刷

ISBN 978-7-5218-3642-4　定价：48.00元

（图书出现印装问题，本社负责调换。电话：010-88191510）

（版权所有　侵权必究　打击盗版　举报热线：010-88191661

QQ：2242791300　营销中心电话：010-88191537

电子邮箱：dbts@esp.com.cn）

前　言

　　自2019年12月新冠肺炎疫情发生以来，公共健康与劳动世界均受到严重威胁。关闭工作场所与其他遏制病毒传播的必要措施给世界各地的企业和工人造成严重损失。随着疫苗接种力度不断加大，经济复苏的迹象正在显现，但这种复苏可能是不平衡且脆弱的。

　　事实上，新冠危机产生的一个突出影响是恶化了劳动世界长期存在的结构性问题和不平等现象，破坏了最近在减贫、性别平等和体面工作方面所取得的进展。危机的影响仍然高度不均衡，各国之间以及不同工人之间的差异很大。对工人的影响程度取决于其工作地点、工作类型和工作特点。

　　今年的《世界就业和社会展望趋势》全面总结了新冠肺炎疫情对劳动世界的影响，分析了全球模式、地区差异以及不同经济部门和工人群体的情况，此外还对劳动力市场的预期复苏进行了预测。世界将从这场危机中走出来，但我们需要确保在这一过程中不让任何人掉队。为此，本报告最后提出了实现基础广泛、以人为本的复苏的政策建议。

　　新冠危机暴露并加剧了长期存在的体面工作不足问题。我们希望，在走出危机、走向恢复的过程中，各国政府与雇主和工人组织合作，在今后几个月和几年内制定新目标，发挥新的影响力，共同应对这些挑战。

Guy Ryder

盖·莱德（Guy Ryder）
国际劳工组织总干事

目　录

专 栏

图目录

表目录

致　谢

《世界就业和社会展望2021年趋势》由国际劳工组织研究部劳动力市场趋势和政策评价处编撰，由维罗妮卡·埃斯库德罗（Verónica Escudero）和珍妮·伯格（Janine Berg）牵头。本报告在斯蒂凡·库恩（Stefan Kühn）的总体协调和领导下，由珍妮·伯格（Janine Berg）、苏莱玛·阿赫卡尔·希拉（Souleima El Achkar Hilal）、理查德·霍恩（Richard Horne）、斯蒂凡·库恩（Stefan Kühn）、汉娜·利普曼（Hannah Liepmann）和克莱门特·皮格纳蒂（Clemente Pignatti）撰写。珍妮·伯格（Janine Berg）和维罗妮卡·埃斯库德罗（Verónica Escudero）协调监督撰写过程，并做出了决定性贡献。报告在国际劳工组织研究部主任理查德·萨曼斯（Richard Samans）的总体指导下完成。全体作者感谢国际劳工组织非洲、阿拉伯国家、亚洲和太平洋地区、欧洲和中亚以及拉丁美洲和加勒比地区办事处提供的支持和建议。

本报告中的国际劳工组织模拟估算值由斯蒂芬·卡普索斯（Steven Kapsos）领导的国际劳工组织统计部数据生成与分析处和国际劳工组织研究部劳动力市场趋势和政策评价处共同提供。特别感谢罗杰·戈米斯（Roger Gomis）和斯蒂凡·库恩（Stefan Kühn）所做的模型研究工作。用于生成估算值的国际劳动力市场指标的基本数据库由国际劳工组织统计局数据生成与分析处构建。在此感谢大卫·贝斯康德（David Bescond）、伊万杰莉亚·布姆波拉（Evangelia Bourmpoula）、维帕萨娜·卡基（Vipasana Karkee）、昆汀·马蒂斯（Quentin Mathys）、伊夫·佩拉尔（Yves Perardel）和马贝林·维拉雷亚尔·富恩特斯（Mabelin Villarreal-Fuentes）所做的工作。

国际劳工组织负责政策的副总干事玛莎·牛顿（Martha E.Newton）和总干事高级顾问詹姆斯·霍华德（James Howard）提出了宝贵的意见和建议。

国际劳工组织研究部希望对其他提出意见和建议的同事表示感谢，他们是：玛丽亚·海伦娜·安德烈（Maria Helena André）、克里斯蒂娜·贝伦特（Christina Behrendt）、拉尼娅·比卡齐（Rania Bikhazi）、翁贝托·卡塔尼奥（Umberto Cattaneo）、肯·查穆瓦·沙瓦（Ken Chamuva Shawa）、惠灵顿·奇贝贝（Wellington Chibebe）、雷扎尔·乔莱温斯基（Ryszard Cholewinski）、马尔瓦·科利-库里巴利（Marva Corley-Coulibaly）、帕特里克·达鲁（Patrick Daru）、苏克提·达斯古普塔（Sukti Dasgupta）、雅库巴·迪亚洛（Yacouba Diallo）、拉斐尔·迭斯·德·梅迪纳（Rafael Diez de Medina）、萨拉·艾尔德（Sara Elder）、克里斯托弗·恩斯特（Christoph Ernst）、埃克哈德·恩斯特（Ekkehard Ernst）、埃利森达·埃斯特鲁奇-普塔斯（Elisenda Estruch-Puertas）、黛博拉·弗朗西丝-马辛（Deborah France-Massin）、罗杰·戈米斯（Roger Gomis）、塔里克·哈克（Tariq Haq）、克莱尔·哈拉蒂（Claire Harasty）、克里斯汀·霍夫曼（Christine Hofmann）、普·胡恩（Phu

Huynh）、阿雅·贾法尔（Aya Jaafar）、劳伦斯·杰夫·约翰逊（Lawrence Jeff Johnson）、史蒂文·卡普索斯（Steven Kapsos）、塔米娜·卡里莫娃（Tahmina Karimova）、金基范（Kee Beom Kim）、李相宪（Sangheon Lee）、海琳·伦巴德（Hélène Lombard）、阿里·马达伊·布卡尔（Ali Madaï Boukar）、巴沙尔·马拉菲（Bashar Marafie）、格森·马丁内斯·拉莫斯（Gerson Martínez Ramos）、罗克珊娜·毛里齐奥（Roxana Maurizio）、罗萨娜·梅罗拉（Rossana Merola）、大卫·莫斯勒（David Mosler）、伊姆加德·诺布尔（Irmgard Nübler）、埃里克·奥克斯林（Eric Oechslin）、谢恩·尼尔·奥希金斯（Shane Niall O'Higgins）、卡罗琳·奥莱利（Caroline O'Reilly）、伊恩·奥顿（Ian Orton）、维拉·帕克特–佩迪戈（Vera Paquete-Perdigão）、胡里奥·佩雷斯（Julio Pérez）、安娜·波德贾宁（Ana Podjanin）、乌玛·拉尼（Uma Rani）、格哈德·雷内克（Gerhard Reinecke）、凯瑟琳·萨吉特（Catherine Saget）、丹尼尔·萨曼（Daniel Samaan）、多萝西娅·施密特·克劳（Dorothea Schmidt Klau）、佩林·塞克勒·里奇亚迪（Pelin Sekerler Richiardi）、胡安·雅各布·贝拉斯科（Juan Jacobo Velasco）、谢尔·维里克（Sher Verick）、克里斯蒂安·维格拉恩（Christian Viegelahn）、费利克斯·魏登卡夫（Felix Weidenkaff）和贾德·亚辛（Jad Yassin）。此外，感谢联合国经济和社会事务部全球经济监测处团队提出的宝贵意见和建议。

我们还要感谢朱迪·拉弗蒂（Judy Rafferty）和出版物制作处的同事协助编写工作，同时感谢传播和新闻部的同事在报告发行方面给予的支持配合。

执行摘要

新冠肺炎疫情大流行带来了前所未有的破坏，若缺乏协调一致的政策努力，将伤害未来几年的社会和就业前景。

新冠肺炎疫情大流行给公共卫生、就业和生计带来了毁灭性的影响，在全球范围内造成了前所未有的破坏。各国政府、工人组织和雇主组织已采取了涉及不同范围与不同力度的紧急措施，以应对危机，保住就业，保护收入。虽然上述措施对危机的缓解起着至关重要的作用，但是各国的就业状况和国民收入仍然急剧恶化，加剧了现有的不平等，加大了给工人和企业带来长期"疤痕"效应的风险。我们必须采取果断的政策响应，解决社会和经济状况的脆弱性和不平衡情况，实现以人为本的复苏。

2020年，总工作时间大约损失了8.8%，相当于2.55亿全职工人一整年的工作时间。该指标反映了疫情对劳动力市场各方面的影响。大约半数的工时损失源于仍处于雇佣状态的工人工时减少（可将其归类为工时缩短，或是强制休假制度下的"零"工时）。剩下的一半则源自绝对就业总量的减少。与2019年相比，因工人失业和退出劳动力队伍，就业总量减少了1.14亿人。若新冠肺炎疫情未发生，2020年全世界本来可创造约3000万个新的就业机会。综合计算，上述损失意味着2020年全球就业缺口增加了1.44亿（见图ES），大大加剧了疫情之前就已存在的全球就业机会短缺问题。

全球范围内的疫情反复使得2021年的工时损失居高不下，第一季度总工时减少了4.8%，第二季度总工时损失降幅略微收窄至4.4%。该损失相当于第一季度减少了1.4亿个全职工作岗位，第二季度减少了1.27亿个全职工作岗位。这充分表明，尽管2021年已经过去一半，但新冠肺炎疫情引发的危机还远未落幕。拉丁美洲和加勒比地区以及欧洲和中亚地区是受疫情影响最为严重的两个区域，两者在2021年第一季度的工时损失都超过8%，第二季度则超过6%。

总工时损失导致劳动收入急剧下降和贫困增加。与疫情未发生的情况相比，2020年全球劳动收入（不包括政府拨款和福利）减少了3.7万亿美元（8.3%）。2021年前两个季度的损失达到全球劳动收入的5.3%，即1.3万亿美元。与2019年相比，目前新增了约1.08亿处于极度贫困或中度贫困状态的工人，即这些工人及其家庭的人均每日生活费按购买力平价计算不足3.20美元。五年来消除工作贫困所取得的进展化为乌有，目前的工作贫困率已经倒退至2015年的水平。

展望未来，预期就业增长无法弥补危机所造成的缺口。在疫苗接种和大规模财政支出的推动下，全球范围内不平衡的经济复苏预计将从2021年下半年开始。若缺乏关于疫苗分配和财政支持（包括债务减免）的协调一致的国际政策行动，积极的复苏效应将集中在有限的地理范围内。从全球来看，经济复苏预计将在2021年净创造1亿个就业机会，在2022年再创造8000万个就业机会。然而，2021年的预期就业率仍将低于危机前的水平。此外，新增就业很可能少于疫情未发生的情况。考虑到这部分流失的就业增长，危机引发的全球就业损失预计将于2021年达到7500万个，于2022年达到2300万个（见图ES）。2021年，相应的工时损失为3.5%，即相当于1亿个全职工作岗位。由

于疫苗接种进展比预期缓慢，加上2021年初新冠肺炎疫情再次暴发，国际劳工组织调整了2021年1月下旬发布的《国际劳工组织监测报告：新冠肺炎与劳动世界》（第七版）中的数据，将工时损失恢复率下调了0.5个百分点。调整前，预计2021年将损失9000万个工作岗位，而新的预测估计2021年将额外损失1000万个全职工作岗位，总计工作岗位损失将达到1亿个。

预期就业增长不够强劲，因疫情而处于经济不活跃或失业的人群，以及即将进入劳动力市场的年轻一代（其教育和培训已被严重扰乱）无法获得充足的就业机会。随之而来的是，众多先前处于经济不活跃的工人即将加入劳动力队伍，但却无法获得就业机会。预计该情况将导致失业人口显著持续增加：从2019年的1.87亿人增至2020年的2.2亿人、2021年的2.2亿人和2022年的2.05亿人。2022年的预期失业率为5.7%，在新冠危机之前，2013年曾出现过如此高的失业率。与当年的情况相比，2020年的高失业情况预计将出现在所有国家（地区），不论其收入水平如何，其中，中等收入国家（地区）所受影响最大；高收入国家（地区）的复苏相对较快。对于低收入国家（地区）和中等收入国家（地区）而言，获得的疫苗和财政支出更为有限，因此就业复苏将受到抑制。同时，由于公共赤字和债务水平以及贫困加剧，封锁状态将难以长期维持，许多国家只能选择尽早取消关闭工作场所等有关措施。

▶ 图ES 与2019年相比，新冠肺炎疫情造成的全球就业短缺

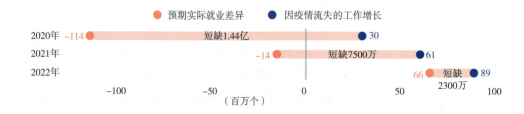

注：红点表示相对于2019年的预期实际就业差异。蓝点表示未发生疫情下的预期增长，即流失的就业增长。条形上的数字是指因疫情导致的特定年份的总就业短缺（即实际就业损失和流失的就业增长相加的总短缺）。

资料来源：国际劳工组织的估算。

更糟的是，许多新增就业都属于生产力低下和质量不佳的工作。2019~2022年，除高收入国家（地区）外，所有其他国家（地区）的平均劳动生产率的预期增长都将低于危机前的水平。由于国内生产总值（GDP）增长缓慢和适龄劳动人口剧增，低收入国家（地区）缺乏生产性就业机会的情况将尤为严重。这些国家（地区）在2016~2019年的劳动生产率的预期年均增长已经极低，仅为0.9%，而在2019~2022年将进一步下降，出现−1.1%的负增长率。这种急剧下降的情况使2030年实现消除贫困的目标变得更为不确定。转向自雇劳动（其突出特点为低生产效率和非正式工作）是工作质量下降的又一体现。关于14个中等收入国家（地区）的可用数据表明，2020年第二季度自雇劳动的减少幅度小于有偿带薪工作岗位。2020年第三季度整体就业有所增长，但自雇劳动的增长相对更多。在全球范围内，2020年有偿带薪工作岗位的减少大约是自雇劳动的2倍，导致就业结构发生变化。

危机所带来的高度不均的影响加剧了已有的体面劳动不足和社会不平等问题。

许多企业，特别是小微企业，已经破产或面临着高度不确定的未来，其未来的生产力和留住工人的能力将受到不利影响。该问题在受危机影响最严重的行业表现最为突出，包括住宿和餐饮服务、批发和零售贸易、建筑和制造业，以及小型企业集中的其他经济活动领域。此类企业更缺乏应对商业活动长期受到干扰的财务手段。尚未倒闭的企业则背负着高额债务，其未来的投资范围和生产力增长将受到限制。根据国际劳工组织2020年第二季度针对全球45个国家（地区）4520家企业的调查结果，80%的微型企业和70%的小型企业面临着严重的财务困难。非正式企业因无法获得与新冠肺炎疫情相关的政府支持或正式信贷额度而处于最不稳定的状况。

非正式工人受危机影响更为严重。2019年非正式工人大约有20亿人，占全球就业人口的60.1%。非正式工人因危机而失业的可能性是正式工人的3倍，是自雇劳动者的1.6倍。在此情况下，更多的非正式工人转为自雇劳动力。此外，因为处于非正式状态，此类工人获得社会保障的可能性更小。这些工人大多储蓄率较低，因此更可能深陷贫困。由于本就处于不利形势，再加上工作生涯被严重中断，非正式工人在劳动力市场的未来发展轨迹将遭受严重损害。此外，非正式工作的普遍程度在各区域间存在巨大差异，加深了新冠危机对各国造成的不均衡影响。

与上述情况类似，危机的不均衡影响还与技能水平相关，这在另一层面上加剧了社会不平等问题。技能水平较高的工人往往从事受失业影响较小的职业，且能选择远程工作。对于高技能职业，以及在网络连接更加完备的地区，可选择居家工作，这凸显了发达国家（地区）和发展中国家（地区）之间、社会经济地位不同的家庭之间以及城乡之间的不平等。同时，转向通过网络进行工作还引发了居家工作情况下的工作条件问题，工作与私人生活之间界限模糊以及育儿需求增加等问题尤其引人关注。此外，工作场所向来在人际交往中起着重要作用，转向居家工作可能会削弱社会凝聚力。

鉴于女性失业和无薪工作时间增加的情况更为严重，这场危机可能损害性别平等进程。劳动力市场被扰乱对男性和女性都意味着灾难性的后果，但对女性的影响更甚。2020年女性人口就业下降了5%，男性则下降了3.9%。此外，2020年失业的女性中有90%退出了劳动力队伍。这表明，除非采取适当的措施，否则这些女性的职业生涯很可能会长期中断。有一个问题影响到所有国家（地区）、所有行业以及所有职业和工种的女性，即照顾孩子和开展家庭教育活动的负担更多地落到了女性的肩上，这导致她们的无薪工作时间增加，传统的性别角色分工被强化。此外，女性常常从事诸如护工和杂货店雇员之类具有较高健康风险且工作条件艰苦的一线工作。对于危机之前就已存在巨大性别差距的地区而言，性别平等进程的倒退问题尤其突出。

这场危机使得许多年轻人在其一生中的关键时刻受到严重影响，干扰了其从学校向职场的过渡。 此前几场危机的相关证据显示，在经济衰退时期进入劳动力市场会对长期就业机会、工资和在职技能发展前景造成负面影响。原因是可选职业较少，失业率长期居高不下。另外，若商业信心不振，找到工作的年轻人也可能只是从事临时工。虽然经济衰退会促使年轻工人增加对正规教育的投资，但可用数据显示，2019年33个国家（地区）中有24个国家（地区）既未就业、也未接受教育和培训的年轻人的比例有

所增加。此外，新冠肺炎疫情大流行严重破坏了受教育的机会，在数字基础设施落后和缺乏远程学习能力的地区，这种情况更加突出。

新冠危机进一步凸显了移民工人的脆弱处境。 众多移民工人的工作突然终止，薪酬无法支付或延期支付。同时，这些工人也没有机会通过获取社会保障福利来弥补收入损失。此种情况加剧了对目的地国和原籍国的不利影响。对目的地国而言，由于旅行限制，依赖移民工人的行业难以留住劳动力；原籍国则因侨汇减少而受到负面影响。侨汇是许多较贫穷国家（地区）的重要收入来源，对支持家庭收入和国内需求起着关键作用，而侨汇缩减恶化了移民原籍国的贫困状况。

为预防全球经济和社会成果受到长期损害，需要制定全面、协调和以人为本的政策议程。

体面工作不足和不平等使疫情从公共卫生危机演变成就业和社会危机，威胁数百万工人的生计。真正危险的情况是，若缺乏全面和协调一致的政策努力，不平等的加深与劳动世界总体进程的退步将会在不同层面长期存在。我们需要采取国际政策行动，保证发展中国家（地区）能够获得全球疫苗支持和包括债务重组等在内的财政援助。政府应与雇主组织和工人组织充分协商后及时采取行动，解决长期以来存在的体面工作不足问题，促进重建更加可持续的劳动力市场。正如国际劳工组织2019年《未来工作百年宣言》所阐述的那样，上述努力需要"将工人的权益和全人类的需求、期望及权利置于经济、社会和环境政策的核心"。因此，以人为本的复苏应寻求：

（1）促进基础广泛的经济增长和创造生产性就业，通过投资于能够创造体面劳动的行业，以及支持公正过渡、性别平等和活跃劳动力市场的行业。复苏的关键是保证各国享有足够的

财政空间，以解决现有的物质和社会基础设施短缺问题，确保各经济体享有充足的流动性，以支持私营部门的信贷需求。

（2）支持家庭收入和劳动力市场转型，特别是为受疫情影响最严重的家庭提供支持，具体方式包括积极的劳动力市场政策、公共就业服务和由政府提供的高质量护理服务等。向上述领域投资有助于促进工人的劳动力市场参与率，使工人能够通过技能提升来改善其劳动力市场前景。

（3）加强包容、可持续和强健的经济增长和发展的制度性基础，通过包括完善社会保障系统，促进正规化和确保所有合同类型的工人都能拥有自由结社和集体谈判的权利、安全健康的工作条件以及合理的最低工资。

（4）参与社会对话，制定以人为本的复苏策略并保证其得到有效实施。在政府与雇主组织和工人组织充分对话和协商的情况下，此类策略更为合理有效。应通过两方和三方谈判解决工作场所的关键问题，特别是职业安全与卫生。

第1章　全球就业趋势

▶ 概述

新冠危机大幅减少了经济活动和劳动力需求，导致2021年第二季度全球总工作时间估计减少4.4%，低于2021年第一季度的4.8%和2020年的8.8%。新冠危机与2008~2009年全球经济危机等其他危机有所不同，在这场危机中，许多受影响的工人仍然处于就业状态，但其工作时间减少或根本不工作。这在一定程度上是因为一些国家实施了就业保留计划，同时也因为许多自雇劳动者需要继续其活动，即使活动率有所下降。因此，新冠肺炎疫情对就业的影响主要体现为就业损失，但就业者工作时间减少也是其影响的一部分。《世界就业和社会展望2021年趋势》详述了总工时损失的情况，分析了流失的工作增长、直接就业损失和工时减少等方面的情况。

因为新冠肺炎疫情，有的人失去工作后放弃了寻找工作，有的人无法继续工作，这导致更多的人完全离开劳动力市场，处于"不活跃"却并非失业的状态。如果某人正在积极寻找工作并且能够上岗工作，可被视为失业。然而，疫情导致众多工作场所关闭，许多工人无法寻找工作；另一些人则因诸如在家教育孩子之类的照顾责任加大而无法工作。共计有8100万工人（占失业人员的71%）离开劳动力队伍，3300万人处于失业状态。[①] 在正常情况下，许多离开劳动力市场的人愿意工作，但由于新冠危机，却无法继续工作。

预计2021年和2022年就业将出现反弹，但不足以弥补危机造成的就业缺口。2021年就业增长预计达到1亿个工作岗位，2022年将进一步增加8000万个工作岗位。然而，由于适龄劳动人口增长，新增工作岗位不足以容纳失业人员和新进入劳动力市场的人。因此，新冠肺炎疫情导致的就业短缺预计在2021年达到7500万个，在2022年达到2300万个。这种短缺恶化了新冠危机之前就已存在的不稳定的劳动力市场形势。虽然经济复苏将促使更多人重新进入劳动力市场，但现有就业机会的缺乏将导致失业增加。事实上，2022年全球失业人口预计将达到2.05亿人，失业率预计将达到5.7%。在新冠危机之前，2013年曾出现过如此高的失业率。

本章讨论新冠肺炎疫情大流行对2020年主要劳动力市场指标的影响，以及用于预测未来几年劳动力市场前景的各种情景。具体而言，第1.1节着眼于按国家（地方）收入水平组别划分的工时趋势，以评估劳动力市场的现状及其自2019年以来的发展变化。本节也考虑了其他传统的劳动力市场指标，包括就业率和失业率，以进一步说明工时全面下降如何转化为就业损失或就业者工作时间的缩减。本节还讨论了危机对包括妇女、青年和非正式工人在内的不同工人群体的严重影响。第1.2节介绍了新冠危机造成的劳动收入下降和工作贫困率上升的预测数值。第1.3节提出了三种情景用于说明劳动力市场成果在不久的将来如何发展。本节认为，预计的经济复苏将出现地区差异，这将加剧因危机而扩大的差距。

本报告后面两章深入分析了上述情况。第2章考察区域层面的就业和社会影响，第3章讨论危机对不同部门、不同类型企业和工人群体的异质性影响。

---

① 在离开劳动力市场的人当中，超过一半的人处于边际不活跃状态，这意味着这些人要么正在寻找工作，要么能够上岗工作，但他们不符合这两项被算作失业的标准。边际不活跃是指2013年第十九届国际劳工统计学家会议通过的关于工作、就业和劳动力利用不足统计的决议所界定的潜在劳动力。

▶ 1.1 全球劳动力市场一瞥

新冠肺炎疫情大流行给世界各地的劳动力市场带来了广泛破坏。与以往的衰退相比，新冠危机引发的衰退在速度和深度方面可谓前所未有，没有一个国家能幸免于劳动力市场状况的急剧恶化。此外，那些在危机前就已处于劳动力市场劣势的群体（特别是妇女和青年）的就业损失更高；在旅游和住宿等行业，就业损失尤为严重，因为这些行业受到为遏制病毒传播而实施的公共卫生限制措施的直接影响。危机导致劳动收入下降，生活在极度和中度贫困中的就业人口增加，使得前几年的下降趋势被逆转。危机的影响可能会在未来几年内持续体现在工作组织与分配中（Dewan and Ernst，2020；Lee，Schmidt-Klau and Verick，2020）。

为应对这场危机，已付出了非同寻常的政策努力，但总体而言还不够。各国政府已经与工人组织和雇主组织一道，采取了紧急措施来应对危机，特别是保护就业方面的措施，包括广泛实施就业保留计划，并为收入锐减的企业提供财政资助（ILO，2020a；ILO，2020b）。政府和社会伙伴之间的高水平政策行动与协调有助于建设性地解决危机带来的问题（ILO，2020c）。然而，现有政策选择的范围既受到预算限制（尤其是非高收入国家和地区），又受到遏制病毒传播所需要的限制（ILO，2020d；UN，2021）。因此，劳动力市场若要达到危机前的表现水平，还有很长的路要走，就业和社会指标的恶化已经体现在所有地区和所有收入组别国家和地区中。

工作时间的变化最能反映出危机对就业的影响。新冠肺炎疫情导致的经济萎缩在各国呈现出不同的表现形式。总体而言，考察经济萎缩对劳动力市场影响的最佳途径是观察工作时间的变化。事实上，工时损失体现为就业损失（即个体被解雇后从就业转为失业或不工作）和仍处于雇佣状态工人的工时减少（包括自雇者和雇员，工时减少是因为工时缩短或强制休假制度导致的"零"工时）。在以前的危机中，许多国家（地区）劳动力需求减少，表现为就业率下降和失业率大幅上升，而新冠危机带来的变化则截然不同（ILO，2020d；Lee，Schmidt-Klau and Verick，2020）。

这种不同是因为许多失去工作的人无法重新找到工作，一方面是由于很多国家（地区）实施了公共卫生限制措施，另一方面是由于大量企业关闭，劳动力需求严重短缺。于是，工人直接从就业状态转为不活跃状态。[①]在正常情况下，这些工人大多会继续加入劳动大军。有鉴于此，除了就业率和失业率外，还必须考虑劳动力的变化和潜在的劳动力参与率。[②]此外，由于许多国家（地区）的政府采取了支持措施，防止企业解雇工人（比如就业保留计划）或对解雇实行临时禁令，避免了很多人失业。然而，这些政策也大大增加了工时较短（或为零）的自雇劳动者和受扶养雇员的比例。

工作时间的减少前所未有。2020年，新冠肺炎疫情全球大流行几乎对所有国家（地区）都造成了严重影响，全世界总工作时间大约损失了8.8%。这一数值是通过比较2020年实际工时与反事实情景（counterfactual scenario）后得出的，该情景预估了未发生疫情条件下同年的工时数值（见专栏1.1）。[③]相比之下，在全球经济危机最严重的2008~2009年期间，由于工人，尤其是自雇劳动者努力弥补收入损失，全球工时实际上增加了0.2%。只有高收入国家（地区）的工时有所减少。

---

① 失业人员是指那些在参考周内没有工作但同时符合以下两个标准的人：（1）积极寻找工作；（2）能够上岗工作。

② 如果一个人在参考周内没有工作，但符合脚注①中规定的两个被归类为失业的条件之一，就被视为潜在劳动力，这种状况也被称为"边际不活跃"。

③ 2020年的反事实情景也有助于预估2019年第四季度新冠肺炎疫情暴发之前的劳动力市场状况。该季度已经出现了一定的工时损失（ILO，2021）。

专栏1.1 用无疫情情景来衡量危机的影响

只关注劳动力市场指标年度变化会得出错误的危机影响结论。例如，在2008~2009年的经济危机中，全球总就业率从未真正下降过，但是就业增长速度要比先前的预测慢得多，而且劳动力规模不断扩大，两者叠加加剧了就业短缺，推高了失业率和劳动力利用不足。指标比率更适合衡量危机的程度，如就业人口比与失业率。此外，可以将劳动力市场指标的经验值与反事实情景下的预测值进行比较，即如果危机没有发生，人们所预期的情况。本报告将反复提到这样一种反事实情景："无疫情情景"。

2021年初实施的取消关闭工作场所的措施存在区域差异，这意味着有些区域的工时损失仍然很高，而另一些区域的工时损失则开始恢复。2021年第一季度，全球工时缺口为4.8%，第二季度为4.4%，分别相当于1.4亿个和1.27亿个全职工作岗位（见图1.1）。在确诊病例数再次增加和工作场所关闭的情况下，持续的工时损失使美洲、欧洲和中亚地区备受困扰，预计这些地区2021年第一季度的工时损失超过8%，第二季度超过6%。相比之下，平均收入水平较低的国家（地区）往往被迫取消这些措施，以便更快恢复失去的工时，但这种恢复往往以牺牲工作质量（包括较低收入）为代价，同时还增加了接触新冠病毒的风险。

工时减少源自就业减少以及仍处于就业状态的工人的工时减少，二者所占的比例基本相当。2020年，新冠肺炎疫情对劳动力市场的直接影响达到顶峰，假设每周工作48小时，则全球总工时的减少量相当于损失了约2.55亿个全职工作岗位（见图1.2）。大约一半的工时损失（相当于1.44亿个工作岗位）体现为实际就业减少，这可归因于不活跃人口大幅增加（8100万人）和失业人口略有增加（3300万人）。工时损失的其余部分（相当于1.31亿个工作岗位）源自仍处于就业状态的工人的工时减少。这一情况基本适用于所有收入组别国家（地区），但是高收入国家（地区）除外，在此类国家（地区）总体就业损失的决定因素中，失业人口的重要性要比不活跃人口的更大（ILO，2021：8）。

▶ 图1.1 2020年与2021年第一、二季度，与无疫情情景相比，全球和按国家（地区）收入组别与区域划分的工时缺口

	2020年（%）	2021年第一季度（%）	2021年第二季度（%）
世界	8.8	4.8	4.4
低收入国家（地区）	6.7	4.6	3.9
中等偏下收入国家（地区）	11.3	4.1	4.5
中等偏上收入国家（地区）	7.3	4.6	4.1
高收入国家（地区）	8.3	7.2	5.1
非洲	7.7	5.7	4.9
美洲	13.7	9.2	8.1
阿拉伯国家	9.0	6.3	5.3
亚洲和太平洋地区	7.9	3.0	3.0
欧洲和中亚	9.2	8.5	6.8

注：在预估可归因于新冠危机的工时下降时，采用了2020年和2021年无疫情情景下的预计工时。

资料来源：国际劳工组织劳工统计数据库（ILOSTAT），国际劳工组织模拟估算，2021年4月。

▶ **图1.2　2020年全球工时损失**

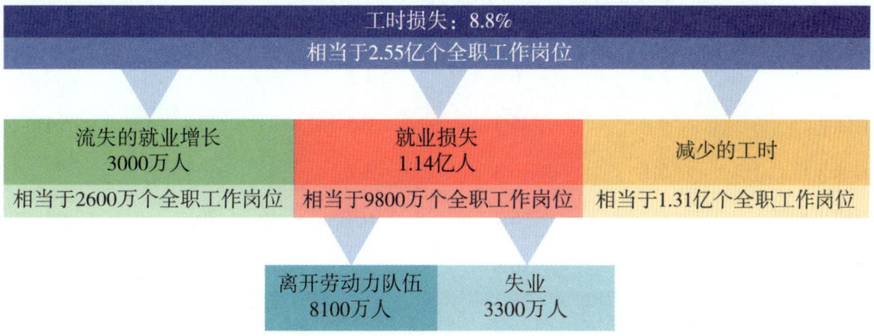

| 工时损失：8.8% |
| 相当于2.55亿个全职工作岗位 |

| 流失的就业增长
3000万人 | 就业损失
1.14亿人 | 减少的工时 |
| 相当于2600万个全职工作岗位 | 相当于9800万个全职工作岗位 | 相当于1.31亿个全职工作岗位 |

| 离开劳动力队伍
8100万人 | 失业
3300万人 |

注：全职工作岗位的数量根据每周48小时的工作量计算所得。工时损失是通过将2020年的水平与同年的无疫情情景进行比较计算所得。就业损失及其包含的失业人口和不活跃人口（离开劳动力队伍）是通过将2020年与2019年进行比较计算所得（见表1.1）。

资料来源：国际劳工组织劳工统计数据库（ILOSTAT），国际劳工组织模拟估算，2021年4月。

2019~2020年，全球就业人口比（EPR）下降了2.7个百分点（见表1.1）。世界各地都出现了类似趋势，各收入组别国家（地区）都在就业方面遭受了严重阻碍。全球就业人口比的降幅比2008~2009年期间更大，当时该比率仅下降了0.7个百分点。如前文所述，就业变化并不能全面反映新冠危机的影响程度，但当前就业变化的规模表明，这次危机的影响要比之前的衰退更为严重。此外，虽然与2019年相比，2020年就业总量减少，相当于损失了1.14亿个工作岗位，但这种简单的年度差异低估了危机的真实影响。比较2020年的数值与同年的反事实估算值可以得出更准确的估值。也就是说，根据国际劳工组织的估算，若新冠肺炎疫情未发生，就业人口将增加3000万人。相对于新冠肺炎疫情未发生的情况，2020年的就业损失达1.44亿个工作岗位。

▶ **表1.1　2019~2020年新冠危机期间全球和按国家（地区）收入组别划分的劳动力市场利用不足情况**

国家（地区）收入组别	每周总工时与15~64岁人口的比率			以全职等价工时表示的总工时 （FTE=48小时/周）（百万/小时）		
	2019年	2020年	变动	2019年	2020年	变动
世界	27.2	24.7	−2.5	2 850	2 617	−233
低收入国家（地区）	23.5	21.9	−1.6	184	177	−7
中等偏下收入国家（地区）	24.5	21.7	−2.8	949	854	−95
中等偏上收入国家（地区）	30.1	27.8	−2.3	1 251	1 159	−92
高收入国家（地区）	27.8	25.4	−2.4	466	427	−39

国家（地区）收入组别	就业人口比（%）			就业人口（百万人）		
	2019年	2020年	变动	2019年	2020年	变动
世界	57.6	54.9	−2.7	3 303	3 189	−114
低收入国家（地区）	63.9	61.7	−2.2	254	253	−1
中等偏下收入国家（地区）	52	48.8	−3.2	1 050	1 003	−47
中等偏上收入国家（地区）	61.2	58.7	−2.5	1 400	1 352	−48
高收入国家（地区）	58	56	−2	598	580	−18

续表

国家（地区）收入组别	失业率（%）			失业人口（百万人）		
	2019年	2020年	变动	2019年	2020年	变动
世界	5.4	6.5	1.1	187	220	33
低收入国家（地区）	4.8	5.3	0.5	13	14	1
中等偏下收入国家（地区）	5.1	6.3	1.2	56	67	11
中等偏上收入国家（地区）	6	6.7	0.7	89	97	8
高收入国家（地区）	4.8	6.8	2	30	42	12

国家（地区）收入组别	潜在劳动力率（%）			潜在劳动力（百万人）		
	2019年	2020年	变动	2019年	2020年	变动
世界	3.3	4.5	1.2	118	162	44
低收入国家（地区）	5.2	5.6	0.4	15	16	1
中等偏下收入国家（地区）	2.7	4	1.3	30	45	15
中等偏上收入国家（地区）	3.6	5.3	1.7	56	81	25
高收入国家（地区）	2.6	3.2	0.6	17	20	3

国家（地区）收入组别	劳动力参与率（%）			劳动力（百万人）		
	2019年	2020年	变动	2019年	2020年	变动
世界	60.8	58.7	−2.1	3 490	3 409	−81
低收入国家（地区）	67.2	65.2	−2	267	267	0
中等偏下收入国家（地区）	54.7	52	−2.7	1 106	1 071	−35
中等偏上收入国家（地区）	65.1	62.9	−2.2	1 489	1 449	−40
高收入国家（地区）	60.9	60.1	−0.8	629	622	−7

注：潜在劳动力率是潜在劳动力与扩展劳动力的比率，扩展劳动力是劳动力与潜在劳动力的总和。FTE=全职等价工时。

资料来源：国际劳工组织劳工统计数据库（ILOSTAT），国际劳工组织模拟估算，2021年4月。

仅考虑失业人口增加将大大低估劳动力利用不足的程度。2019~2020年，全球失业人口增加了3300万人，潜在劳动力新增人口为4400万人，这些人不在劳动力市场，但愿意工作或正在寻找工作（见表1.1）。相比之下，全球失业人口在2008~2009年增加了2200万人，而同期潜在劳动力仅增加了600万人。当前的危机不仅在规模上独一无二，在对劳动力参与的影响上也是独一无二的。2020年，全球劳动力参与率为58.7%，同比下降2.2个百分点，这一降幅比2008~2009年的降幅高了十倍以上。

新冠肺炎疫情大流行加速了全球劳动力参与率下降的长期趋势。仅2020年劳动力参与率的下降就大致相当于截至2019年十年的总和。这也反映了上述工时变化的趋势。由此可见，如果复苏进程缓慢，劳动力市场发展可能出现"失去的十年"。总体而言，劳动力利用不足大幅增加，2019年全球预计有4.71亿人经历了某种形式的劳动力利用不足。[①]

这场危机对劳动力市场各群体的影响并不平等。如前所述，新冠危机严重扰乱了世界各地的劳动力市场，但是危机带来的影响并不一

---

① 2019年总劳动力利用不足包括1.87亿失业人口、1.18亿潜在劳动力和1.66亿与时间相关的就业不足人口。

致。各区域之间存在很大差异（见第2章），但总体而言，各国受打击最严重的群体是妇女、青年和非正式工人，这些群体的劳动力市场指标恶化最严重，在疫情暴发前，他们在劳动力市场上已经处于不利地位。因此，这场危机加剧了长期存在的不平等现象（详细讨论见第3章）。

就女性而言，新冠危机正在损害性别平等方面所取得的进展。这场危机对男性和女性都产生了毁灭性的影响，但女性受到的影响更大。危机导致女性就业率下降了5%，而男性则下降了3.9%（见图1.3）。此外，在失去工作的人当中，几乎有九成的女性变得不活跃，而男性仅有七成变得不活跃。这意味着不积极寻求再就业或不准备（或没有能力）从事有偿带薪工作的女性多于男性。若不采取适当措施，这些女性的工作生涯很可能会中断很长一段时间。

即使在新冠危机之前，女性就业、承担全职工作或担任管理职位的可能性也低于男性。世界各区域的男女就业率均存在差距，从15个百分点（欧洲和中亚）到57个百分点（北非和阿拉伯国家）不等（ILO，2019a；另见本报告第2章）。危机扩大了这一差距，由于无报酬照护工作的负担增加，女性受到的影响更大。在封锁期间，许多情况下母亲以牺牲劳动力市场活动为代价，承担起照顾孩子和家庭教育的责任，这种情况导致了性别角色"再传统化"的风险（Appelbaum，2020；Azcona et al.，2020；Allmendinger，2020）。与此同时，女性在疫情期间需求量很大的某些职业中（特别是在医疗行业）占据主导地位，这使她们面临更大的健康风险。

年轻人有被赶出劳动力市场的风险。早在疫情暴发之前，年轻工人（即15~24岁的工人）的失业率就明显高于成年工人（25岁及以上的工人）。此外，就业的年轻人更有可能处于不稳定的工作安排中。受危机影响，年轻工人就业率的降幅几乎是成年工人的2.5倍（见图1.3）。失去工作的年轻工人比成年工人更有可能变得不活跃，这损害了他们的劳动力市场前景。事实上，虽然2019~2020年全球青年失业人口数量基本没有改变，但这只是因为许多没有工作的年轻人停止寻找工作或推迟了进入劳动力市场的时间。

重大经济危机可以促使年轻人增加在教育方面的投资，但在目前的危机中，这种情况并未大规模发生。危机可以鼓励年轻工人更多地投资于正规教育和培训，因为不在劳动力队伍的机会成本较低，如果知识和技能提升改善了

▶ **图1.3　2020年按性别和年龄组别划分的就业损失，体现为失业率与不活跃率的变化**

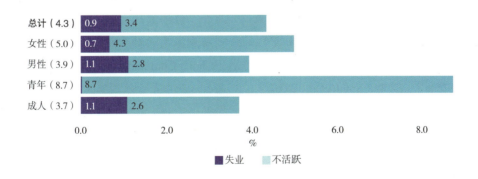

注：人口统计组别名称后括号内的百分比数值表示每个特定组别的就业损失。青年指15~24岁的人；成人指25岁以上的人。

资料来源：国际劳工组织劳工统计数据库（ILOSTAT），国际劳工组织模拟估算，2021年4月。

职业前景，则可能会产生积极的长期影响。然而，在当前的危机中，情况似乎并非如此。虽然没有关于这一指标的全球估算值，但家庭调查表明，在有数据可查的大多数国家（地区），未就业、未接受教育和培训（NEET）的年轻人比例有所上升：33个国家（地区）中，有24个国家（地区）报告未就业、未接受教育和培训

的青年男女的比例有所上升。在多数情况下，未就业、未接受教育和培训比例的上升可能是暂时冲击所致，尤其是学校关闭所致，但如果年轻人失去对教育体系或劳动力市场的依附，则可能产生长期后果。事实上，错失的机会很可能对他们未来的工作机会和整个生命周期的技能发展都产生负面影响（见专栏1.2）。

专栏1.2 危机对工人劳动力市场成果的伤痕效应

经济衰退可能会对劳动力市场发展轨迹造成重大干扰。工人可能经历失业，在寻找新工作时变得沮丧，或感到被迫接受了低质量工作。长期陷于低质量工作的工人往往无法获得能够帮助其获得更好机会的在职技能（见ILO，2019b）。这些干扰可能会给工人带来长期负面影响，给他们未来的就业轨迹留下"伤痕"。在宏观经济形势好转之后，这种伤痕的影响依然存在。

所有年龄的工人，包括处于黄金年龄的工人，都可能经历伤痕效应。然而，具体影响往往取决于一国的收入水平，高收入国家（地区）的工人更有可能离开劳动力队伍，而其他国家（地区）的工人则不得不接受低质量工作。例如，亚甘（Yagan，2019）发现，从长期来看，在受2007~2008年全球金融危机影响比较严重的美国的一些地区，个人就业率更低，成年工人或低薪工人尤其如此。造成这种情况的主要原因是丧志工人退出了劳动力市场。相比之下，20世纪90年代末印度尼西亚的重大经济危机并未导致大规模的就业损失，而是导致工资大幅下降，工人（特别是妇女）转向自雇劳动和家庭劳动（Smith et al.，2002）。

如果伤痕效应发生在人生中的关键阶段，如从学校到职场的过渡阶段，则影响更为突出（Matsumoto and Elder，2010）。在经济衰退期间，年轻人可能需要更长时间才能找到第一份工作，或者被迫接受工作要求低于其资历的第一份工作。

此外，通常经济危机对已经身处劣势的年轻人的影响最大，包括受教育程度低的年轻人（例如，见Scarpetta，Sonnet and Manfredi，2010）。在新冠危机背景下，年轻人受到了严重干扰（ILO，2020e）。这种消极的初次劳动力市场经历可能会对他们的整个工作生涯产生影响。

例如，研究人员（Cruces，Ham and Viollaz，2002）跟踪调查了几组巴西年轻工人，重点是在工作生涯开始时经历失业或从事非正式工作的年轻工人。在刚成年时，年轻工人更有可能经历失业或非正式就业，平均工资较低。低学历人员所遭受的相关影响往往更大。在高收入国家（地区），伤痕效应也对个人产生了重大影响。2007~2008年全球金融危机期间，美国的大学毕业生的工资较低（这一影响在十年后消失），就业率也较低（这一影响一直持续）（Rothstein，2020）。1997~1998年亚洲金融危机导致韩国男性就业率和收入长期下滑。此外，经济衰退之后，女性很快受到劳动力市场成果恶化的影响，导致她们更早生孩子（Choi，Choi and Son，2020）。最后，对19个高收入和中等收入国家（地区）进行的一项研究得出了如下结论：在衰退期间进入劳动力市场，从而导致后期认知技能下降，这种情况在社会经济地位较低的人当中尤为突出。这是因为年轻工人进入了那些技能发展不起决定性作用的公司（Arellano-Bover，即将出版）。

2019年新冠危机暴发时，约20亿非正式就业工人（占总劳动力的60%）面临特殊挑战。非正式工人包括非正式雇用的有偿带薪工人和自营职业工人。在大多数区域，非正式工人在总就业人口的大部分。他们通常面临不利的工作条件，包括较低的收入。在全球层面，生活在农村地区的人从事非正式工作的可能性是城市地区的两倍（分别为80%和44%），而在非正式就业方面，城乡差距最大的区域是美洲、亚洲和太平洋地区、欧洲和中亚（ILO，2018：20）。非正式工人缺乏社会保障，如果不采取具体措施将社会保障覆盖面扩大到此类人群，新冠危机期间他们就无法从收入支持措施中获益。此外，许多非正式工人属于在职贫困（ILO，2018：49），这意味着其个人储蓄不足以应对收入损失带来的打击。

在可获得数据的11个国家（地区）中，危机暴发后非正式有偿带薪工人失业的可能性平均是正式工人的3倍，见图1.4（a）。非正式雇员由于没有任何就业保护，加上无法适用政府可能推出的就业保留计划，只要企业遇到经营困难，就会被立即解雇。平均而言，非正式自雇劳动者的就业损失也高于正式自雇劳动者，见图1.4（b），在11个国家（地区）中仅有4个国家（地区）的情况与此相反。非正式自雇劳动者的就业损失小于非正式有偿带薪工人，但非正式自雇劳动者很可能在维持经济活动的同时大幅削减了工时。

▶ 图1.4　2020年第二季度按就业状况划分的正式和非正式就业的同比变化

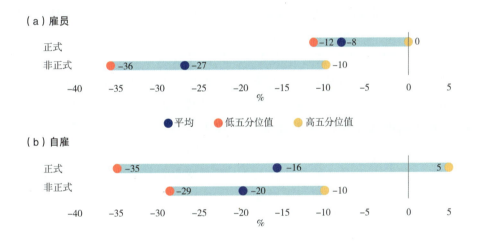

注：本图显示了有2020年第二季度可用数据的11个国家和地区在2019年同一季度的未加权平均就业增长。这11个国家和地区包括：阿根廷、巴西、智利、哥斯达黎加、蒙古、北马其顿、巴勒斯坦被占领土、秘鲁、塞尔维亚、南非、越南。低五分位和高五分位分别显示了第20个和第80个百分位的观测值。

资料来源：国际劳工组织根据ILOSTAT统一微数据库的数据计算所得。

▶ 1.2 劳动收入趋势

就业成果恶化导致世界各地劳动收入急剧下降。具体而言，与没有工时损失的无疫情景相比，2020年全球劳动收入（指与为获得报酬或利润而从事的正式或非正式工作有关的收入，但不包括政府的转移支付和福利）下降了8.3%。这相当于损失了3.7万亿美元（基于2019年市场汇率）或2019年全球GDP的4.4%（见图1.5）。2021年前两个季度，劳动收入损失预计为5.3%，相当于1.3万亿美元。此外，各区域之间存在很大差异，美洲和非洲的劳动收入下降最为明显（见第2章）。

劳动力需求下降显然是上述趋势形成的主要原因。然而，工时减少在多大程度上导致相应的劳动收入减少，这在不同收入组别国家（地区）中并不相同。比如，仅在高收入国家（地区）出现了工时的减少（8.3%，见图1.1）大于劳动收入的下降（7.8%，见图1.5）的情况。在高收入经济体中，失业更有可能集中在技能相对较低的行业（如旅游和住宿业），这些部门的工人收入较低，而收入较高的工人则转向居家工作。在其他收入组别国家（地区）当中，劳动收入下降幅度大于工时减少幅度。在低收入国家（地区），收入下降了7.9%，工时损失了6.8%。之所以出现这种与高收入国家（地区）相反的情况，是因为低收入国家（地区）的工人缺乏社会保障，需要继续工作，

但他们赚取收入的机会也在减少（Parisotto and Elsheikhi, 2020）。即使工时没有发生太多变化，劳动收入也可能下降，因为雇员可能必须接受减薪（比如没有合同的非正式雇员的情况），而自雇劳动者会继续开展经济活动，但其收入可能下降。在许多低收入国家（地区），很大一部分劳动者受雇于农业。在新冠危机期间，农业虽然比其他部门更具韧性，但该部门收入很低，经济活动主要为小农自给农业（另见第3章）。

据估计，2019~2020年，全球处于极端贫困（即每日收入按购买力平价计算不足1.90美元）就业人口增加了3100万人，导致极端工作贫困率从2019年的6.6%上升到7.8%。同期，中等贫困工人（即日收入按购买力平价计算为1.90美元~3.20美元）增加了约7700万人，中等工作贫困率从2019年的11.4%上升到14.2%。这些趋势反映了工作条件的急剧恶化，导致减贫进展出现倒退；目前的极端工作贫困率与2015年持平。工作贫困增多的原因是工时减少和收入下降。此外，应该注意的是，仅关注数字变化将低估危机对总体贫困的影响，因为这一指标不包括那些已经成为穷人和不再就业的人（见专栏1.3）。鉴于前文提到的大规模失业情况，有必要将不再就业的人纳入考虑。

▶ 图1.5 2020年与2021年上半年全球和按国家（地区）收入组别划分的因工时损失而造成的劳动收入损失比例

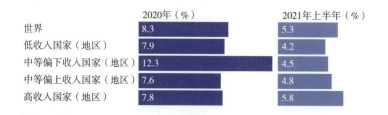

注：劳动收入按购买力平价汇率合计得出，未考虑任何收入支持措施（如转移支付和福利）。

资料来源：国际劳工组织的估算。

专栏1.3 新冠肺炎疫情对工作贫困的影响

受新冠危机影响，全世界家庭收入显著下降。世界银行预计，2020年新增了7800万生活在极端贫困中的人。所谓"极端贫困"，是指按购买力平价计算，人均每日收入低于1.90美元的家庭（Lakner et al.，2021）。危机导致人们失去工作，陷入贫困，但这些新增的极端贫困人口不会被视为在职贫困，因为他们不再处于就业状态。尽管如此，据估计，工作贫困人口大幅增加，主要是由两个原因导致。第一，许多工人保住了工作，但工作时间减少，收入降低。第二，对于有多个挣工资的家庭成员的家庭，如果他们中的一个或多个失去工作，整个家庭可能会跌入贫困线以下，于是仍然有工资收入的家庭成员最终被算作在职贫困者。根据本报告中的在职贫困估计值假设，平均而言，与2019年相比，2020年贫困家庭工人与非工人的比例保持不变。

调查数据显示，危机对不同群体的影响存在显著的差异，其中年轻人、女性和低技能工人的可支配收入下降幅度最大。在可获得数据的六个国家中，年轻工人的支助后劳动收入[①]的下降幅度要比成年工人显著得多（ILO，2021）。年轻人更有可能签署临时合同，因此不太可能被就业保留计划覆盖。同样，除了英国之外，在所有抽样国家中，女性劳动收入下降的幅度都比男性更大。在受影响最严重的行业，女性比例过高；即使在同一行业就业，女性也比男性更有可能失业（LMIC，2021）。最后，在所有有数据可查的国家，从事低技能职业的工人的支助后劳动收入的下降幅度要大于从事中高技能职业的工人。从事高技能职业的工人拥有技术知识和设备，更少依赖支助后劳动收入，更有可能以远程形式完成各种不同类型的工作任务（Allmendinger，2020；ILO，2021）。

生活在城市地区的人更能感受到疫情对劳动力市场成果的直接影响。事实上，在可获得2020年第二季度数据的部分国家（巴西、秘鲁和越南，见图1.6），农村地区的表现相对好于城市地区。鉴于新兴经济体和发展中经济体的很大一部分人口生活在农村地区，这一点具有重要意义。具体而言，农村地区劳动收入的降幅小于城市地区：在巴西，农村地区和城市地区劳动收入分别增长-15%和-22%；在秘鲁，分别为-44%和-57%；在越南，分别为-5%和-10%。这大致可归因于农村地区工时下降较少，不过越南农村地区的工时下降略多（见图1.6）。由于农业的重要性和农业部门在应对危机方面更强的韧性，农村地区的表现好于城市地区。[②]然而，我们不应忘记，在农业和农村经济中，体面工作不足和工作贫困相对更多（另见ILO et al.，2020）。此外，越来越多的城市工人返回农村地区，给农村的就业机会和收入带来新的压力。

---

① "支助后劳动收入"是指在纳入所有的政府转移支付和福利后，个人可获得的劳动收入。可获得支助后劳动收入调查数据的国家包括：巴西、意大利、秘鲁、英国、美国、越南。

② 一般而言，如果仅考虑非农业部门的工作，农村地区在上述三个指标上相对较好的表现就会被逆转。

▶ 图1.6　部分国家按城市和农村地区划分的支助后劳动收入、工时和就业情况的变化

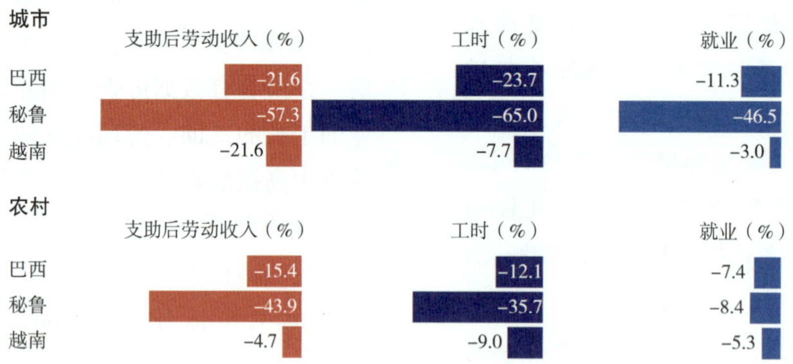

城市

	支助后劳动收入（%）	工时（%）	就业（%）
巴西	−21.6	−23.7	−11.3
秘鲁	−57.3	−65.0	−46.5
越南	−21.6	−7.7	−3.0

农村

	支助后劳动收入（%）	工时（%）	就业（%）
巴西	−15.4	−12.1	−7.4
秘鲁	−43.9	−35.7	−8.4
越南	−4.7	−9.0	−5.3

注：该图显示了2020年第一季度和第二季度之间的百分比变化（除越南，因为2020年第一季度该国疫情的实质性影响，采用2019年第二季度的数据进行比较）。2020年第二季度被选为最适合分析新冠危机影响的时期，因为这是抽样国家受到的经济影响最大的时期。

资料来源：国际劳工组织根据其统一微观数据计算所得。

▶ 1.3　新冠肺炎疫情后全球劳动力市场展望

　　经济和劳动力市场复苏进程预计始于2021年，但全球复苏进程并不平衡，基本可以确定复苏不能弥合危机导致的差距。经济复苏取决于疫苗的可得性、未来关闭工作场所及保持社交距离措施的实施程度，以及货币和财政政策。得益于疫苗接种和不断改善的健康与安全状况，更多的工作场所将开放，商品和服务消费将得到刺激，这些对增加就业机会和恢复收入将产生积极影响。然而，各国获得疫苗的能力存在明显不均，高收入国家（地区）显然更容易获得疫苗。此外，旨在增加投资和支出的财政和货币政策至关重要。不幸的是，许多国家（地区），特别是低收入和中等收入国家（地区），由于背负着高额的公共赤字和债务，大力实施必要政策的能力有限。因此，协调一致的国际政策行动是全球劳动力市场复苏的关键。

　　深度危机之下，企业和工人"伤痕累累"，复苏变得更加困难。 失业、就业不足、不活跃和贫困加剧打乱了数百万工人的工作轨迹，可能会给他们带来长期的伤痕效应，即使宏观经济状况有所改善，这种影响也会持续下去（见专栏1.2）。企业面临着危机引发的挑战，有的债务积累，有的甚至已经破产。在这种情况下，投资范围缩小，失去的工作岗位难以恢复（ILO，2020f）。[①] 此外，疫情期间出现的新的行为模式将给某些行业的工人和企业带来负面影响，并且这种影响可能在一定程度上持续下去。例如，网购增多扰乱了批发零售行业（A&M，2020），远程工作增加可能导致商务

---

　　① 万宝盛华（ManpowerGroup）对43个高收入和中等收入国家（地区）开展了就业展望调查。结果显示，截至2020年第四季度末，预计裁员且不招聘新员工的公司（与2012~2019年平均水平相比）增加了6%，但这一比例低于第二季度和第三季度末的数据（分别为16%和10%）。这些数据是43个国家（地区）的简单未经加权的平均数。调查结果可于以下网址查阅：https://www.manpowergroup.com/workforce-insights/data-driven-workforce-insights/manpowergroup-employment-outlook-survey-results#%20。

旅行减少（UN，2021：12）。但与此同时，某些行为变化对信息和通信技术等行业的就业机会产生了积极影响，也有助于减少碳排放（Cruickshank，2020）。

劳动力市场复苏有望在强劲但未完全恢复的经济增长背景下发生。根据2021年1月的预测，全球GDP将于2021年增长4.7%，于2022年增长3.4%，而在2020年，全球GDP增速大幅下降至-4.3%，比危机前的预期低6.8个百分点（UN，2021：4）。中等收入国家（地区）的预计增长率最高（2021年约为6%，2022年约为5%），低收入国家（地区）的产出预计于2021年增长2.8%，于2022年增长4.0%。美国在1月份采取了大规模财政刺激方案，对其GDP增长的预期因此被大幅调高（IMF，2021），带动高收入国家（地区）的预期平均增长率上升到2021年的5.2%和2022年的3.0%。然而，有一点需要记住，总需求的增长将受制于劳动收入的大规模损失，若加上替代收入不足或储蓄少等因素，消费需求将会减少。

为预测全球劳动力市场趋势，本报告提出了三种情景，反映了不确定性很大的相关情况（见专栏1.4）。这些不确定性与下列因素有关：（1）疫苗的可得性；（2）劳动力市场从危机期间所遭受的损害中恢复过来的能力；（3）总需求的发展变化。

总之，基本可以确定，全球劳动力市场的复苏不足以弥合危机引起的差距。到2022年，每周总工时与15~64岁人口的比率、就业人口比和劳动力参与率预计都将远远低于2019年的水平，上述预估已经考虑到了这些指标的长期趋势。危机导致的就业不足预计将在2022年达到2300万人，失业人口将比2019年多出1800万人。

在全球范围内，与无疫情情景相比，预计2021年总工时将减少3.5%，2022年将减少0.9%（见图1.7）。因此，这些工时损失相当于损失的全职工作岗位从2020年的2.55亿个下降至2021年的1亿个，以及2022年的2600万个。国际劳工组织2021年1月的预测表明，2021年的工时损失相当于9000万个全职工作岗位（ILO，2021）。但是，由于疫苗接种缓慢且不平衡，再加上疫情反复，预计工时恢复将进一步放缓，与国际劳工组织2021年1月的预测相比，2020~2021年将损失1000万个全职工作岗位。按绝对值计算，全球每周工作总时数与15~64岁人口的比率预计将从2020年的每周24.7小时上升至2021年的每周26.1小时，以及2022年的每周26.7小时（见图1.8）。因此，有偿带薪工作活动将大量减少，这一趋势预计将持续到2022年。

在悲观情景下，相比无疫情情景，2022年工时剩余缺口可能高达2.7%。在该情景下，2020年遭受的工时损失在2021年仅能恢复一半，2022年的恢复也很有限。在乐观情景下，全球工时损失可能会在2022年得到恢复。实现恢复的条件是因疫情而实施的限制措施被取消，成功的疫苗接种，强有力的政策支持，以及企业积极创造就业机会。在乐观情景下，高收入国家（地区）的总工时将超出预期，也就是说，这些国家（地区）的总工时将高于无疫情情景下的预期水平。

在无疫情情景下，低收入国家（地区）将面临最大工时损失，预计2022年其工时损失将达到1.4%，而高收入国家（地区）预计仅损失0.3%（见图1.7）。比较不同收入组别国家（地区）的工时变化可以发现，高收入国家（地区）在2021年上半年实施了更为严格的控制措施，预计将遭受较大的工时损失。而低收入和中等收入国家（地区）的经济活动缩减程度较低，这主要是因为，在封锁期间可用于补偿企业和个人的公共资源很少。在复苏过程中，预计高收入国家（地区）将更快复苏，其部分原因是这些国家（地区）能获得更多的疫苗，但主要原因是财政支持力度大，尤其是美国，财政投入将带动经济和劳动力市场的复苏。在低收入和中等收入国家（地区），这种财政干预可能比较有限，因此抑制了劳动力市场的复苏。

专栏1.4 全球劳动力市场预测情景

本章提出了三种不同的情景：基线情景、乐观情景和悲观情景，以此作为本报告对全球劳动力市场进行展望的基础。载于《2021年世界经济形势与展望》的宏观经济预测及相关风险分析（UN，2021）为这些情景提供了基础。[①]

基线情景

2020年劳动力市场遭受大规模破坏，预计2021年会有一些积极的发展（ILO，2021；UN，2021；IMF，2021）。预计高收入国家（地区）有效疫苗的供应会增加，关闭工作场所的措施将被解除，危机对这些国家（地区）劳动力市场的不利影响将减少。在这种形势向好的情况下，更重要的是，在高收入国家（地区）大规模财政刺激的推动下，从2021年第三季度开始，经济可能逐渐复苏。

各国（地区）获得疫苗的能力明显不均衡，高收入国家（地区）预先订购了目前大部分可用的疫苗，其民众接种疫苗的时间比其他国家（地区）早很多，接种数量也更多（Kretchmer，2021）。虽然疫情还在持续，但许多低收入和中等收入国家（地区）取消了关闭工作场所的措施，使得这些国家（地区）的经济和就业复苏可能会进一步加快。取消封锁措施是为了减轻危机对经济的严重影响。事实上，由于公共赤字和债务保持在高水平，使得贫困激增，这些国家（地区）很难长期维持严格的封锁措施（ILO，2021；Parisotto and Elsheikhi，2020）。

为了防止更严重的就业损失，许多国家（地区）相对较早地取消了关闭工作场所的措施，但这些国家（地区）仍然在其他方面遭受了负面影响，特别是在就业质量方面。例如，

有证据表明，对最不发达国家（地区）而言，就业恢复伴随着收入降低和工作稳定性下降（Parisotto and Elsheikhi，2020）。此外，由于各国（地区）可用的财政空间因疫情而减少，旨在促进可持续发展的投资资源调动比以往更加困难（UN，2021）。

乐观情景

在乐观情景下，由于成功推出易于管理的有效疫苗，大规模扩大疫苗生产并实现疫苗公平分配，将使得病毒更快地得到控制。高收入国家（地区）情况改善，将提升全球出口需求，进而提振消费者和企业信心，加快经济复苏。2021年全球经济增长将比基线预测高出1个百分点，2022年将高出0.6个百分点，这与联合国（2021）的乐观情景相一致。此外，就业和经济活动的长期负面影响不会太严重。在该情景下，劳动力市场被扰乱只是暂时的。有效的财政和货币政策响应将有助于确保劳动力市场迅速恢复到危机前的状况。

悲观情景

在悲观情景下，疫情不太可能在短期内得到控制。造成这种情况的原因可能包括疫苗分配受干扰、发展中国家（地区）无法获得疫苗、疫苗无效（包括疫苗对病毒新变种无效的情况）和/或许多人不愿接种疫苗。此外，这场危机对世界各国的政治稳定和社会凝聚力产生了负面影响（UN，2021）。全球增长将比2021年基线情景中的预测低2个百分点，比2022年低0.8个百分点（UN，2021）。在该情景下，劳动力市场的复苏将受到严重阻碍。

---

① 考虑到美国财政刺激措施的直接影响。

▶ 图1.7　2020~2022年全球和按国家（地区）收入组别划分的三种不同情景下的工时损失

国家（地区）收入组别	基线情景（%）			悲观情景（%）		乐观情景（%）	
	2020年	2021年	2022年	2021年	2022年	2021年	2022年
世界	8.8	3.5	0.9	4.3	2.7	3.2	0.0
低收入国家（地区）	6.8	3.5	1.4	4.1	2.9	3.3	0.7
中等偏下收入国家（地区）	11.4	3.6	1.2	4.0	2.7	3.3	0.3
中等偏上收入国家（地区）	7.3	3.3	0.7	3.9	2.6	3.0	−0.1
高收入国家（地区）	8.3	4.0	0.3	5.7	3.1	3.6	−0.7

注：工时损失表示为无疫情情况下的预计总工时与三种不同情景下预计总工时之间的百分比差。
资料来源：国际劳工组织劳工统计数据库，国际劳工组织模拟估算，2021年4月。

▶ 图1.8　2014~2022年三种不同情景下全球每周总工时与15~64岁人口的比率

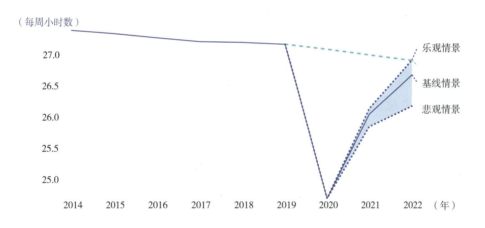

注：虚线为无疫情情景下的预期变化。
资料来源：国际劳工组织劳工统计数据库，国际劳工组织模拟估算，2021年4月。

工时恢复将取决于强制休假工人重返岗位，而非创造新的就业机会（见图1.9）。企业采取的主要做法是提高之前强制休假工人的工时，然后才是招聘新员工。此外，在政府支持力度大的地区，一旦企业不再获得此类支持，"积压的破产"可能会爆发（Epiq，2021；Turner，2021）。因此，虽然之前工时较少的工人的工时会增加，但新工人的招聘将受到限制，而企业破产将导致失业或经济不活跃的情况增加。

2020年失去了1.14亿个工作岗位，2021年预计将增加1亿个就业机会，2022年将再增加8000万个。这意味着2022年将比2019年多出6600万个就业岗位。然而，就业机会的增长赶不上2019~2022年适龄劳动人口的增长（见专栏1.1）。预计2021年由疫情引发的就业损失将达到7500万人，2022年达到2300万人（见图1.9）。这种损失是在失业率和就业不足率居高不下的基础上出现的，即使在没有疫情的情况下，这种情况也会持续下去，从而加剧了就业机会不足的问题。

▶ 图1.9　2019~2022年世界工时损失情况

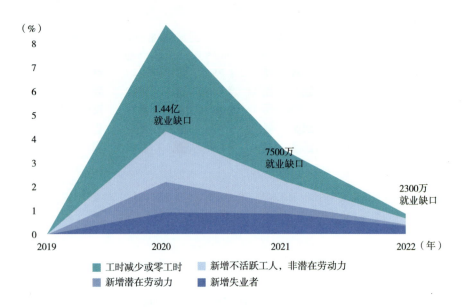

注：新增失业、新增潜在劳动力和新增不活跃工人（非潜在劳动力）相加等于总就业损失。图中对应的数字显示了具体年份的就业损失。使用实际平均工作时数将工作时数转换为其就业等值。损失是根据无疫情情景计算的。

资料来源：国际劳工组织劳工统计数据库，国际劳工组织模拟估算，2021年1月；国际劳工组织的估算。

2020年失业仅占总工时损失的一小部分。预计到2022年底，失业将成为新冠危机引发的就业缺口的主要原因。随着整体经济形势开始好转，与疫情相关的限制措施解除，大量以前在劳动力市场不活跃的人将再次进入劳动力市场。然而，由于缺乏足够的就业机会，全球失业人口将继续上升，预计2021年失业人口将增加2.2亿人，2022年将增加2.05亿人。

尽管预计情况有所改善，但正如整体劳动力市场指标所反映的那样，新冠危机带来的挑战将持续到2022年，加剧即使没有疫情也会存在的就业机会不足问题。就业人口比、劳动力参与率和潜在劳动力比率将会提高，但不会回到2019年的水平（见表1.2）。预计到2022年底，全球就业人口比将比2019年少1个百分点，劳动力参与率将比2019年低0.8个百分点。值得注意的是，预计2022年失业率将达到5.7%。除了这次新冠危机期间以外，2013年也出现了同等水平的失业率。与2013年不同的是，2022年全球2.05亿失业人口大都来自中等收入国家（地区），而

高收入国家（地区）因为前所未有的政策支持和优先获得疫苗，预计其失业率将更快下降。

在2019年底至2022年底期间，全球平均劳动生产率预计增长1.1%，不到危机前水平的2/3。投资活动减少，许多企业的运营活动远低于其产能，不少老牌企业已经倒闭（虽然它们终究会被新的企业所取代），这些都导致了这三年间人均产出的低增长（见专栏1.5）。

不平衡的全球经济复苏将扩大劳动生产率差距，低收入国家（地区）的工人在平均收入潜力方面尤其落后。大规模财政刺激计划将促进高收入国家（地区）的产出和就业增长，从而在2022年前减轻危机对每个工人平均产出的影响，这与大多数低收入和中等收入国家（地区）的情况形成鲜明对比。在低收入和中等收入国家（地区），由于贫穷与缺乏社会保障，人们被迫从事生产率低的工作，而这些工作通常都是非正式工作。这样做虽然可能推动就业恢复，但却牺牲了工作质量。除非在国际层面做出协调一致的政策努力，否则消除工作贫困将

变得更加困难，而国家（地区）之间的不平等也将进一步加剧。

低收入国家（地区）在新冠危机中受到的打击最大，严重影响了它们的发展进步。这些国家（地区）的平均劳动生产率增长将从2016~2019年已经很低的0.8%下降到2019~2022

年的-1.1%（见图1.10）。到2022年底，低收入国家（地区）的人均GDP将比2019年的水平平均低3%。这可能导致工作贫困加剧，并危及可持续发展目标的实现，尤其影响到目标1（消除贫困）和目标8（到2030年实现充分的生产性就业及人人有体面工作）的实现。

▶ 表1.2　2019~2022年全球和按国家（地区）收入组别划分的就业人口比、失业率、劳动力参与率和潜在劳动力比率

单位：%

国家（地区）收入组别	就业人口比				失业率			
	2019年	2020年	2021年	2022年	2019年	2020年	2021年	2022年
世界	57.6	54.9	55.9	56.6	5.4	6.5	6.3	5.7
低收入国家（地区）	63.9	61.7	62.2	62.7	4.8	5.3	5.3	5.2
中等偏下收入国家（地区）	52.0	48.8	50.7	51.3	5.1	6.3	5.9	5.5
中等偏上收入国家（地区）	61.2	58.7	59.1	59.9	6.0	6.7	7.0	6.4
高收入国家（地区）	58.0	56.0	56.8	57.5	4.8	6.8	5.8	5.0

国家（地区）收入组别	劳动力参与率				潜在劳动力比率			
	2019年	2020年	2021年	2022年	2019年	2020年	2021年	2022年
世界	60.8	58.7	59.7	60.0	3.3	4.5	3.7	3.3
低收入国家（地区）	67.2	65.2	65.7	66.2	5.2	5.6	5.3	5.2
中等偏下收入国家（地区）	54.7	52.0	53.9	54.3	2.7	4.0	3.1	2.8
中等偏上收入国家（地区）	65.1	62.9	63.5	64.0	3.6	5.3	4.2	3.7
高收入国家（地区）	60.9	60.1	60.3	60.5	2.6	3.2	2.8	2.6

注：2019年和2020年的数值是估算值，2021年和2022年的数值是预测值。潜在劳动力比率是潜在劳动力与扩展劳动力的比率，扩展劳动力是劳动力与潜在劳动力的总和。

资料来源：国际劳工组织劳工统计数据库，国际劳工组织模拟估算，2021年4月。

专栏1.5　新冠危机期间的劳动生产率

新冠危机对平均劳动生产率产生了重大但有差异的影响，因为危机对各行业的影响不同（见第3章）。由此产生的劳动力构成效应表明，有些国家（地区）的企业和工人减少了低生产率行业的活动，2020年这些国家（地区）的平均劳动生产率可能有所上升。一旦企业和

工人恢复运行和工作，平均劳动生产率很可能再次下降。到2022年底，劳动力构成的很大一部分影响可能已经扭转，但持续的结构变化仍会留下余波。因此，尽管劳动力构成在2020年和2021年产生了重大影响，但对2019年底至2022年底期间平均生产率增长的影响并没有那么大。

▶ 图1.10 2016~2019年及2019~2022年全球和按国家（地区）收入组别划分的人均GDP年均增长率

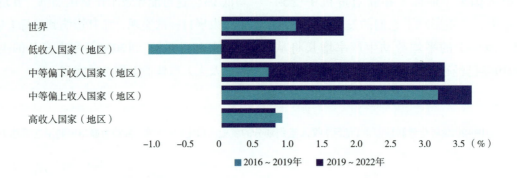

注：GDP是根据联合国（2021）使用的市场汇率汇总而成。
资料来源：国际劳工组织基于其估算和联合国（2021）的数据计算所得。

参考文献 ◀

▶ Allmendinger，Jutta. 2020. "Life Course Trajectories in Times of COVID-19：A First Assessment". 28 September 2020. https：//www.youtube.com/watch?v=MrzFyiBMwUU&feature=youtu.be.

▶ A&M（Alvarez & Marsal）. 2020. The Shape of Retail：Consumers and the New Normal.

▶ Appelbaum，Eileen. 2020. "Early Care and Education：Necessary Infrastructure for Economic Recovery". Intereconomics 55（4）：271-272.

▶ Arellano-Bover，Jaime. Forthcoming. "The Effect of Labor Market Conditions at Entry on Workers' Long-Term Skills". Review of Economics and Statistics.

▶ Azcona，Ginette，Antra Bhatt，Umberto Cattaneo，Guillem Fortuny，Roger Gomis，Steven Kapsos，and Papa Seck. 2020. "Fallout of COVID-19：Working Moms Are Being Squeezed Out of the Labour Force". ILOSTAT Blog（blog）. 27 November 2020. https：//ilostat.ilo.org/fallout-of-covid-19-working-moms-are-being-squeezed-out-of-the-labour-force/.

▶ Choi，Eleanor Jawon，Jaewoo Choi，and Hyelim Son. 2020. "The Long-Term Effects of Labor Market Entry in a Recession：Evidence from the Asian Financial Crisis". Labour Economics 67.

▶ Cruces，Guillermo，Andrés Ham，and Mariana Viollaz. 2012. "Scarring Effects of Youth Unemployment and Informality：Evidence from Brazil". La Plata National University，Center for Distributive，Labor and Social Studies. Working paper.

▶ Cruickshank，Ainslie. 2020. "COVID-19 Pandemic Shows Telecommuting Can Help Fight Climate Change". Scientific American，22 July 2020.

▶ Dewan，Sabina，and Ekkehard Ernst. 2020. "Rethinking the World of Work". Finance & Development 57（4）：22-25.

▶ Epiq. 2021. "2020 Bankruptcy Filings Lowest in 35 Years". 5 January 2021.

▶ ILO. 2018. Women and Men in the Informal Economy：A Statistical Picture，3rd ed.

▶———. 2019a. A Quantum Leap for Gender Equality：For a Better Future of Work for All.

▶———. 2019b. What Works：Promoting Pathways to Decent Work.

▶———. 2020a. "Social Protection Responses to the COVID-19 Crisis：Country Responses and Policy Considerations"，ILO Brief，23 April 2020.

▶———. 2020b. "Delivering Income and Employment Support in Times of COVID-19：Integrating Cash Transfers with Active Labour Market Policies"，ILO Policy Brief，June 2020.

▶———. 2020c. Addendum to the General Survey：Promoting Employment and Decent Work in a Changing Landscape. Committee of Experts on the Application of Conventions and

Recommendations，91st Session，Geneva，25 November–12 December 2020.

▶———. 2020d. "ILO Monitor：COVID–19 and the World of Work. Sith Edition"，23 September 2020.

▶———. 2020e. Youth and COVID–19：Impacts on Jobs，Education，Rights and Mental Well–Being.

▶———. 2020f. "ILO Monitor：COVID–19 and the World of Work. Third Edition"，29 April 2020.

▶———. 2021. "ILO Monitor：COVID–19 and the World of Work. Seventh Edition"，25 January 2021.

▶ ILO，FAO（Food and Agriculture Organization of the United Nations），IFAD（International Fund for Agricultural Development）and WHO（World Health Organization）. 2020. "Impact of COVID–19 on People's Livelihoods，Their Health and Our Food Systems". Joint statement，13 October 2020.

▶ IMF（International Monetary Fund）. 2021. World Economic Outlook：April 2021.

▶ Kretchmer，Harry. 2021. "Vaccine Nationalism–and How It Could Affect Us All"，World Economic Forum，6 January 2021.

▶ Lakner，Christoph，Nishant Yonzan，Daniel Gerszon Mahler，R. Andrés Castañeda Aguilar，and Haoyu Wu. 2021. "Updated Estimates of the Impact of COVID–19 on Global Poverty：Looking Back at 2020 and the Outlook for 2021". World Bank Blogs：Data Blog（blog）. 11 January 2021. https：//blogs.worldbank.org/opendata/updated–estimates–impact–covid–19–global–poverty–looking–back– 2020–and–outlook–2021.

▶ Lee，Sangheon，Dorothea Schmidt–Klau，and Sher Verick. 2020. "The Labour Market Impacts of COVID–19：A Global Perspective". Indian Journal of Labour Economics 63（Suppl. 1）：S11–S15.

▶ LMIC（Labour Market Information Council）. 2021. "Women in Recessions：What Makes COVID–19 Different?"，LMI Insight Report No. 39.

▶ Matsumoto，Makiko，and Sara Elder. 2010. "Characterizing the School–to–Work Transitions of Young Men and Women：Evidence from the ILO School–to–Work Transition Surveys"，ILO Employment Working Paper No. 51.

▶ Parisotto，Aurelio，and Adam Elsheikhi. 2020. "COVID–19，Jobs and the Future of Work in the LDCs：A（Disheartening）Preliminary Account"，ILO Working Paper No. 20.

► Rothstein, Jesse. 2020. "The Lost Generation? Labor Market Outcomes for Post Great Recession Entrants", National Bureau of Economic Research Working Paper No. 27516, July 2020.

► Scarpetta, Stefano, Anne Sonnet, and Thomas Manfredi. 2010. "Rising Youth Unemployment during the Crisis: How to Prevent Negative Long–term Consequences on a Generation?", OECD Social, Employment and Migration Working Paper No. 106.

► Smith, James P., Duncan Thomas, Elizabeth Frankenberg, Kathleen Beegle, and Graciela Teruel. 2002. "Wages, Employment and Economic Shocks: Evidence from Indonesia". Journal of Population Economics 15: 161–193.

► Turner, Millie. 2021. "EU Faces Surge in Bankruptcies as States Start to Withdraw Pandemic Support". City A.M., 11 February 2021.

► UN (United Nations). 2021. World Economic Situation and Prospects 2021.

► Yagan, Danny. 2019. "Employment Hysteresis from the Great Recession". Journal of Political Economy 127 (5): 2505–2558.

第2章 新冠危机在区域层面的就业和社会影响

▶ 概述

本章分析了新冠危机对不同区域劳动力市场的影响。本章提供了劳动力市场关键指标的最新数据，评估了危机对各区域就业和社会成果的影响。本章共包括五个部分，分别对广泛意义上的世界几大区域①，即非洲（第2.1节）、美洲（第2.2节）、阿拉伯国家（第2.3节）、亚洲和太平洋地区（第2.4节）以及欧洲和中亚（第2.5节）进行了分析。每一节都深入分析到次区域层面，这些次区域由地理距离较近的国家（地区）组成，其中很多在经济上的联系也较为紧密。

---

① 各区域的国家和地区，详见附录A。

危机对各区域劳动力市场产生了很多共同影响，但由于背景和体制因素，在影响的规模和形式以及相应的调整方面，各区域差异很大。本章可能会强调某一特定区域遭受的某些影响，但这并不意味着这些影响仅针对该区域，也不意味着这些影响就是对该区域的全部影响。恰恰相反，强调某些影响的目的是揭示疫情影响在某个区域的最显著表现。每个区域的分析自成一体，每一节可以独立于其他章节。为了说明危机在2020年对各区域的影响，每一节都包含一张表格，显示2019~2022年不同区域在相同系列指标方面的趋势和预测结果。本章考虑到了危机影响和危机应对的区域内差异，涵盖了弱势群体或在次区域层面受到严重影响的群体。

新冠危机加剧了区域内原有的结构性挑战和体面工作不足的问题，加深了区域间的不平等。在非洲，新冠肺炎疫情及其相关防控措施对经济造成了重大损失，导致北非劳动力市场进一步恶化，撒哈拉以南非洲贫困加剧。在美洲，疫情对公共卫生、工人和企业都产生了严重影响，导致大量工时损失、企业关闭和劳动力退出。具体而言，在拉丁美洲和加勒比地区，非正式经济受到沉重打击，无法吸纳失业工人，这一点与以往的危机不同，劳动力市场的调整模式也因此与以往大不相同。在阿拉伯国家，非海湾阿拉伯国家合作委员会（海合会）成员国本就遭受危机，而疫情进一步加重了危机的影响。此外，受疫情影响，海合会国家工人再就业人数的下降产生了涟漪效应。在亚洲和太平洋地区（亚太地区），严重受创的行业包括制造业、旅游业和贸易，这些行业受到供应链中断、旅行限制和其他防控措施的冲击。在欧洲和中亚，危机还对卫生健康产生了重大影响。广泛实施的工作保护措施减少了失业，但工时的损失不可计数。

全球各区域从新冠肺炎疫情中复苏仍然具有高度不确定性，因此需要继续采取财政政策，包括收入补贴和其他措施，以解决体面工作不足的问题。疫情的演变趋势引发了各种不确定性，例如新型冠状病毒新变种的影响、各国采取的应对措施，以及危机对工人、企业和整体经济造成的影响的程度。各区域在获得疫苗和促进经济反弹的财政空间方面存在差异，因此出现了复苏不平衡的情况。解决体面工作不足问题的干预措施还包括弥补社会保障缺口的紧急措施，这些措施在减轻危机对人们的健康、工作、收入和生计的影响方面发挥了重大作用。在复苏阶段，需要采取综合全面的经济、产业和就业政策，支持创造更多就业机会。努力将社会保障扩大到包括弱势群体在内的所有人，这方面的进展应该成为建立更有力、包容性更强的社会保障体系的重要基础。除了社会保障缺口之外，世界各地在劳动保护方面也存在值得决策者注意的重大问题：职业安全和健康风险、工资低、就业安排不稳定、无法行使结社自由权以及集体谈判权有限。本章的核心思想是，尽管这场危机对全球劳动力市场产生了毁灭性的影响，但它可以而且应该成为解决长期体面工作不足问题的一个机会。

▶ 2.1 非洲

早在新冠肺炎疫情暴发之前，非洲就面临着重大的经济和劳动力市场挑战。过去二十年间，非洲的GDP高增长主要源自该区域产油国的提炼业，对国内经济的溢出效应有限。在2014年大宗商品价格暴跌和全球需求放缓的沉重打击下，这些产油国的出口下滑、资金净流入受限、债务水平上升。总体而言，将工作岗位和就业从低附加值经济活动转向高附加值经济活动（如制造业或知识密集型服务业）的结构转型模式在亚洲发展中国家尤为常见，但在非洲却几乎不存在。非洲地区许多国家受到公共和私人投资有限、债务水平高、财政状况脆弱、政治不稳定和长期危机（如萨赫勒地区）以及人力资本水平低等问题的困扰。新冠危机开始时，许多非洲经济体已经陷入衰退（IEJ，2020）。[①]由于这些结构性问题，非洲国家应对疫情的政策空间非常有限。

新冠肺炎疫情之前，非洲的劳动力市场形势呈现出体面工作严重不足的特点，主要体现为北非的劳动力利用不足综合率极高，撒哈拉以南非洲贫穷和非正式就业广泛存在。也就是说，在政府能力有限、资源非常紧张的情况下，很大一部分人口极易受到疫情引发的经济冲击，更不用说这种冲击对公共卫生的直接影响。此外，人口趋势，尤其是非洲大陆大部分地区青年劳动力的大幅增加，进一步加大了劳动力市场的压力。

在此背景下，新冠肺炎疫情重创非洲。随着全球贸易下降，非洲供应链中断，投资决定被收回或推迟，侨汇减少，旅游业几乎停滞，企业和工人都深受影响。工作场所关闭、停工以及工时减少和生产力降低导致收益和收入下降，进而导致消费和总需求下降，加剧了下行周期。尽管新冠病毒在非洲大陆的传播相对较慢，传播范围也有限，[②]但各国政府充分意识到本国医疗卫生体系能力有限，因此在危机的早期阶段果断迅速地采取行动，实施了一系列措施，包括保持社交距离、关闭边境、实施部分与全面封锁，以及进入紧急状态（AfDB，2020）。这些措施有助于遏制病毒的传播，但对经济产生了毁灭性的影响，对非正式工人和企业的影响尤为严重。由于非洲大陆的贫困率和非正式率很高，加上社会保障的覆盖面低，相关防疫措施难以长期维持和执行。

据估算，2020年非洲因危机造成的就业缺口达到近1700万，其中包括2020年损失的工作岗位和危机导致的就业增长流失。与2019年相比，非洲地区净工作岗位损失预估为400万个，流失的工作岗位达到1300万个。如果没有疫情，这1300万个工作岗位将是该区域因人口快速增长而增加的工作岗位数量。预计就业将出现强劲增长，2021年和2022年分别增加1800万和1900万。然而，在许多低收入国家（地区），很少有人能承受失业或退出劳动力队伍带来的后果。这意味着，如果创造体面工作的速度不足以支撑适龄劳动人口的增长，就会导致低质量就业增多。正如第1章所述，仅关注工位岗位损失将低估危机的总体影响，因为危机还导致工时与收入大幅下降。鉴于非洲地区只有17.4%的工人得到至少一项社会保障福利的有效保障——而全球平均水平为46.9%（ILO，2021a）——工时与收入损失将导致贫困加剧。

新冠危机推高了非洲处于极端贫困状态的工人的比例，使非洲在减贫方面取得的某些进展出现倒退。极端工作贫困率估计从2019年的31.8%上升到2020年的34.0%，而同期的中度贫困率估计从24.1%上升到26.2%。这相当于全非洲新增900万名工人与其家人处于极端贫困状态（低于每日1.90美元的国际贫困线），新增900万名工人与其家人处于中度贫困状态（每日1.90美元~3.20美元）（见表2.1）。

---

①　在南部非洲发展共同体（南共体）成员国中，安哥拉、莱索托、纳米比亚、南非和津巴布韦在2018~2019年都经历了年度负增长和/或2019年第三季度和第四季度和/或2020年第一季度的季度负增长（衰退是指GDP连续两个季度出现负增长）（IEJ，2020）。

②　由于新冠病毒检测能力有限，很难评估非洲的局势。与其他区域相比，有几个因素可能导致这种疾病的传播不那么明显，年轻人比例很高便是其中的一个因素。

▶ 表2.1 2019~2022年非洲及其次区域的工时、就业、失业、劳动力、非正式就业及工作贫困的估算值与预测值

区域/次区域	每周总工时与15~64岁人口的比率				以全职等价工时表示的总工时（FTE=48小时/周）（百万小时）			
	2019年	2020年	2021年	2022年	2019年	2020年	2021年	2022年
非洲	23.7	21.9	22.7	23.3	362	343	366	386
北非	19.1	17.1	18.1	18.8	59	54	58	61
撒哈拉以南非洲	24.9	23.1	23.9	24.5	303	289	307	325

区域/次区域	就业人口比（%）				就业人口（百万人）			
	2019年	2020年	2021年	2022年	2019年	2020年	2021年	2022年
非洲	58.8	56.7	57.4	58.1	457	453	471	491
北非	40.0	37.9	38.6	39.3	65	63	65	68
撒哈拉以南非洲	63.8	61.6	62.2	62.9	392	390	406	423

区域/次区域	失业率（%）				失业人口（百万人）			
	2019年	2020年	2021年	2022年	2019年	2020年	2021年	2022年
非洲	6.8	7.2	7.5	7.2	34	35	38	38
北非	11.7	12.7	12.9	12.2	9	9	10	9
撒哈拉以南非洲	6.0	6.3	6.6	6.4	25	26	29	29

区域/次区域	潜在劳动力率（%）				潜在劳动力（百万人）			
	2019年	2020年	2021年	2022年	2019年	2020年	2021年	2022年
非洲	5.9	6.8	6.3	6.0	31	36	34	34
北非	10.9	12.8	11.5	11.0	9	11	10	9
撒哈拉以南非洲	5.0	5.7	5.3	5.1	22	25	24	24

区域/次区域	劳动力参与率（%）				劳动力（百万人）			
	2019年	2020年	2021年	2022年	2019年	2020年	2021年	2022年
非洲	63.2	61.1	62.0	62.6	491	488	510	529
北非	45.3	43.4	44.3	44.8	74	72	75	77
撒哈拉以南非洲	67.9	65.8	66.6	67.2	417	416	435	452

区域/次区域	2019年非正式就业率（%，按性别划分）			2019年非正式就业人口（百万人，按性别划分）			
	合计	男性	女性	合计	男性	女性	
非洲	82.9	80.0	86.6	379	208	171	
北非	70.8	72.3	64.5	46	37	9	
撒哈拉以南非洲	84.9	82.0	88.2	333	171	161	

区域/次区域	极端工作贫困，低于每日1.90美元（PPP）				中度工作贫困，每日1.90~3.20美元（PPP）			
	（%）		（百万人）		（%）		（百万人）	
	2019年	2020年	2019年	2020年	2019年	2020年	2019年	2020年
非洲	31.8	34.0	145	154	24.1	26.2	110	119
北非	2.3	2.5	1	2	14.6	17.4	9	11
撒哈拉以南非洲	36.7	39.1	144	153	25.6	27.6	100	108

注：潜在劳动力是指正在找工作，但只能在随后短时间内上岗工作的非就业人员；或目前没有找工作，但希望就业并可以上岗工作的非就业人员。中度贫困率和极端工作贫困率分别是指本人及其家庭的人均每日收入或消费按购买力平价计算为1.90美元~3.20美元和不足1.90美元的工人的比例。由于四舍五入，合计可能与各组的总和不同。FTE=全职等价工时。

资料来源：国际劳工组织劳工统计数据库，国际劳工组织模拟估算，2021年4月；国际劳工组织（即将出版）。

2.1.1　北非

在疫情暴发之前，北非的体面工作不足主要与劳动力利用不足率高有关，尤其体现为女性和年轻人劳动力利用不足。在全世界11个次区域中，北非的失业率最高，2019年接近12%，女性劳动力综合利用率为41.9%（见表2.1；附录C，表C7）。2019年，大部分工人从事低生产率工作，非正式就业率为70.8%（ILO，即将出版）。

由于供应链中断、总需求下降以及疫情防控措施的实施，疫情对北非几乎所有经济部门都产生了严重的负面影响，给工人以及正式和非正式企业带来了重大困难（见第3章）。根据国际劳工组织的模拟估算，相对于无疫情情景，就净失业而言，受影响最严重的行业是批发和零售业、建筑业、制造业、其他服务业，以及住宿和餐饮服务业。危机导致有偿带薪工人和自雇劳动者（包括雇主和自营职业工人）的就业率大幅下降，改变了危机之前对无报酬家庭工作依赖度下降的趋势（见附录C，表C7）。

与无疫情情景相比，2020年北非地区的就业缺口估计为320万，包括近50万新增失业人口和280万退出或不参加劳动力队伍的人口。与无疫情情景相比，北非原本就很低的劳动力参与率在2020年估计下降了1.9个百分点，而潜在劳动力（包括不积极寻找工作但愿意并在有机会时可以上岗工作的人，或寻求就业但无法上岗工作的人）的比例估计增加了1.9个百分点（见表2.1）。工作岗位损失的问题因就业者工时减少而变得更加严峻，导致2020年的总工时相对于无疫情情景下降了10%，相当于500万个全职工作岗位（假设每周48小时工作）。

从全球劳动力市场形势来看，年轻人与成年人相比处于不利地位，但北非的年轻人的处境尤其困难。在新冠肺炎疫情之前，北非的青年失业率是各次区域中最高的，近27%的青年未就业、未接受教育和培训（见图2.1）。在该次区域的扩展劳动力中，1/5的年轻人属于潜在劳动力。在高失业率和高潜在劳动力率的推动下，北非年轻人的总劳动力利用不足率（用LU4率表示[①]）是全世界最高的，2019年达到扩展劳动力的50.3%（见附录C，表C7）。

北非地区的年轻人面临着不尽如人意的劳动力市场形势，这一点在很大程度上体现为劳动力参与和获得体面工作机会方面持续存在的性别差距。尽管2010~2017年性别差距有所缩小，但早在疫情暴发之前，这种差距就已经再次扩大。2019年，年轻女性的失业率几乎是年轻男性的两倍。此外，年轻女性成为潜在劳动力的可能性是男性的2.5倍，处于未就业、未接受教育和培训状态的可能性是男性的两倍。

新冠危机暴发之后，北非地区年轻女性的就业率的下降幅度最大，与无疫情情景相比，2020年降幅达到14.2%（见图2.2）。年轻人普遍受到更为严重的影响，对男性和女性来说都是如此。80%以上的就业缺口源自人们退出或延迟进入劳动力市场。这些负面影响因学业受到严重干扰而进一步放大，一个突出原因是非洲的许多学校缺乏进行远程教育的基础设施和能力。持续衰退将带来严重风险，对年轻人的职业前景产生长期影响，因此需要做出协调一致的政策努力，解决这一弱势群体在复苏阶段体面工作不足的问题（见第1章，专栏1.2）。

2.1.2　撒哈拉以南非洲

新冠肺炎疫情发生之前，撒哈拉以南非洲劳动力市场呈现出贫困和非正式就业广泛存在的特点。2019年，该次区域在全球劳动力中的占比仅为12%，但却拥有世界上60%的极端在职贫困人口，也就是说，有1.44亿工人及其家

---

① 劳动力利用不足综合衡量指标(LU4)是指失业者、潜在劳动力及与时间有关的就业不足的个人的总和在扩展劳动力（劳动力和潜在劳动力的总和）中所占的份额。

▶ 图2.1 2019年北非和撒哈拉以南非洲青年劳动力市场概览

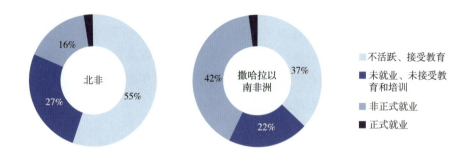

资料来源：国际劳工组织劳工统计数据库，国际劳工组织（2018）。

▶ 图2.2 与无疫情情景相比，2020年按人口组别划分的北非就业损失情况

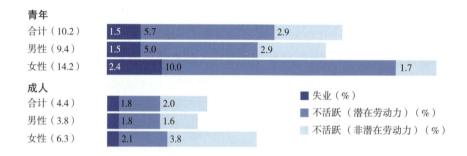

注："青年"指15~24岁年龄组，"成人"指25岁以上年龄组。括号中的百分比代表2020年各人口组别相对于无疫情情景的净就业损失。

资料来源：国际劳工组织劳工统计数据库，国际劳工组织模拟估算，2021年4月。

人处于每日1.90美元的国际贫困线之下（见表2.1）。尽管极端工作贫困率在过去十年下降了8.9个百分点，但2019年仍高达36.7%。收入略高于极端贫困线的工人的比例也很高，25.6%的劳动力处于中度贫困状况（每日1.90美元~3.20美元）。该次区域近83%的工人从事非正式工作，得不到任何社会保障（ILO，即将出版）。由于撒哈拉以南非洲的大多数人不能承受失业或没有工作的后果，劳动力利用不足的最普遍形式是与工时有关的就业不足，这与普遍存在的低生产率工作有关，通常为自营职业或无报酬家庭工作，尤其是在农村地区。

新冠危机导致撒哈拉以南非洲工时减少，

与无疫情情景相比，2020年工时减少了7.1%，相当于损失了约2200万个全职工作岗位。2020年就业人口比下降了2.2个百分点，表明该次区域就业与人口增长之间的缺口显著增加（见表2.1）。劳动人口参与率亦随就业人口比的下降而下降。这场危机对女性和年轻人产生了严重影响，主要是因为在受疫情影响最大的行业（住宿和餐饮服务、批发和零售贸易，以及其他服务）的非正式工人中，女性和年轻人所占的比例过高，以及在积极进入劳动力市场的人当中，年轻人所占的比例过高。2020年，女性就业人口比下降了2.7个百分点，年轻人就业人口比下降了2.5个百分点（见附录C，表C8）。

▶ 图2.3 2016年撒哈拉以南非洲各次区域的正式和非正式就业情况

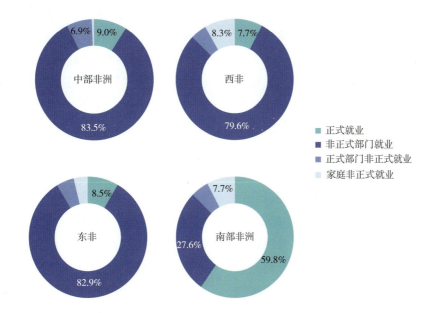

注：国际劳工组织最新数据（即将出版）。
资料来源：ILO（2018）。

这场危机将数百万原本处于贫困线以下的工人推到了贫困线以下，因此可能会消减过去几年在减少童工方面取得的重大进展。[①]在学校关闭和经济困难加重的综合影响之下，儿童外出工作以补贴家用的需求可能会增加，这将以牺牲儿童的教育和普遍福祉为代价。由于资源和基础设施（包括数字基础设施）有限，加上教育体系管理不善，撒哈拉以南非洲只有极少数儿童能够获得在线学习的机会。过去的经验（例如，2014年西非埃博拉疫情）表明，哪怕是临时关闭学校，也可能对许多儿童（特别是女童）产生终身影响，即便在学校重新开放后，这些儿童可能也不会回到教室（ILO，2020a，17）。

非正式就业是撒哈拉以南非洲的常态，大约85%的工人属于非正式就业，女性工人和青年工人的这一比例甚至更高（见表2.1）。随着

该次区域的人口持续快速增长，非正式就业进一步扩大，吸纳了大量进入劳动力市场的人。由于小农农业盛行，该次区域的非正式就业率特别高，即使将农业部门排除在外，非正式就业率也仍然很高，非农业就业的非正式率达到了76.8%（女性为82.8%，男性为71.6%）（ILO，2018：28，表2）。根据国际劳工组织的定义，非正式就业包括三种形式：非正式部门就业（即在非正式企业就业）、正式部门非正式就业（即正式企业中的非正式就业工人）和家庭部门就业（主要是家政工人）。从非正式经济的规模来看，第一种是撒哈拉以南非洲迄今为止最为重要的非正式就业形式。在中非、东非和西非，占总就业人口中的80%或以上在非正式部门就业（见图2.3）。在撒哈拉以南非洲的各次区域中，南部非洲非正式部门的就业比例最低，为27.6%，但其非正式工人在正式部门和家庭部门就业的比例相

---

① 国际劳工组织即将发布的一份出版物（2021年6月）将提供关于童工发生率的最新估算值，有可能量化新冠危机对这一指标的影响。

对较高。撒哈拉以南非洲的数据受南非的影响较大，而南非的经济和劳动力市场结构不同于其大多数邻国。

由于非洲非正式经济的特性，包括缺乏医疗卫生和社会保障等在内的诸多因素，非正式工人特别容易受到疫情的影响。例如，城市地区的大量贫困非正式工人居住在拥挤不堪的贫民窟（Schwettmann，2020）。此外，非正式工人的工作性质决定了他们经常需要进行人际互动，再加上他们的收入有限，缺乏储蓄或其他应对机制，因此对大多数非正式工人来说，保持社交距离和自我隔离实际上是不可能的（ILO，2020b）。

包括实施封锁、关闭工作场所、关闭边境以及旅行禁令等遏制病毒传播的措施，对撒哈拉以南非洲的非正式企业和工人造成了毁灭性的影响。 南非是该次区域唯一一个拥有2020年四个季度全部数据的国家，该国的男性和女性非正式工人都受到了严重影响，特别是在第二季度（见图2.4）。在非正式就业损失方面，对男性来说，受影响最严重的行业是贸易、运输、住宿和餐饮服务，以及商业和行政服务；对女性来说，受影响最严重的行业是社会、社区、个人和其他服务。如前文所述，鉴于南非的非正式就业率远低于区域平均水平，新冠肺炎疫情对该次区域其他国家非正式工人和企业的冲击可能更加显著。根据国际劳工组织估算，在

危机的头一个月，非洲非正式工人的收入下降了81%（ILO，2020c：1-2）。

撒哈拉以南非洲各国政府与国际组织、工人代表和雇主代表以及捐助者积极协调，采取各种措施向弱势群体提供紧急支持，在少数情况下还采取了面向非正式工人的措施。例如，布基纳法索暂停向城市地区市场的非正式经济部门经营者收取租金、保安和停车费等政府收费项目；佛得角向包括家政工人在内的非正式工人提供补助金和一个月的收入支持；科特迪瓦成立了非正式部门支持基金；莱索托和多哥向在职工人提供为期三个月的现金拨款；莫桑比克将社会保障覆盖范围扩大到城市周边地区的部分非正式工人（Schwettmann，2020；World Bank，2020；关于莫桑比克，见MGCAS，2020）。危机发生后，非洲的紧急优先事项应该是建设有效、可持续的社会保障体系，提高个人和社区应对未来冲击的韧性，而不是仅仅局限于提供紧急支持措施。建设社会保障体系应以具有包容性的方式进行，涵盖尽可能多的劳动人口（见专栏2.1）。这项工作还需要各国政府、国际和国家参与者以及社会伙伴之间开展合作和对话，同时加强国家机构建设，使其对自己的行动更加负责。此外，还需要扩大政策空间，建设实施反周期政策的能力（例如构建自动稳定器）。

▶ 图2.4　与2019年第四季度相比，2020年第二季度按非正式状态、性别和经济活动组别划分的南非就业损失构成

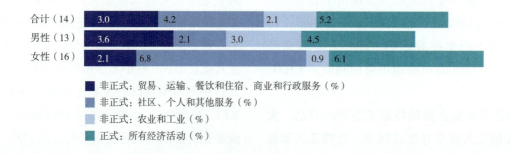

注：括号内的百分比为各组别2019年第四季度至2020年第二季度就业水平下降的百分比。柱状图显示了正式和非正式就业损失的细分情况（非正式就业进一步细分为不同的经济活动）。

资料来源：国际劳工组织基于南非劳动力季度调查的计算而得。

专栏2.1 将社会保障扩大到非正式工人的新势头

新冠危机之下，世界各国政府都面临着保护公共健康和遏制病毒传播的双重挑战，同时还要应对这场疫情的经济和社会影响。在疫情早期阶段，即2020年4月，全世界大约一半的国家（地区）已宣布了涵盖诸多领域的社会保障措施，包括收入支持和工作保护、获得医疗和疾病相关福利等。各区域采取此类措施的国家（地区）的占比不尽相同：在阿拉伯国家，采取此类措施的国家的占比为33%，非洲为39%，亚洲和太平洋地区为44%，美洲为51%，欧洲和中亚为69%（见图2.B1）。截至2020年11月，亚太地区采取社会保障措施的国家（地区）占比已增至87%；非洲、阿拉伯国家和美洲的占比约为92%；欧洲和中亚的占比为98%。许多拥有健全卫生与社会保障体系的国家（地区），在危机开始之时就能够迅速做出反应，扩大现有保障计划的规模，使其涵盖以前没有涵盖的弱势群体（ILO，2021b）。然而，财政空间的可获得性是决定社会保障对策及其在危机期间和危机之后可持续性的另一个关键因素，而各国在财政空间方面的差异很大。

这场危机暴露了某些类别的工人与其他工人在社会保障方面存在重大差距，即使是发达经济体也存在这种情况，其原因是雇佣关系和工作安排的性质（如非全时工人、临时工人和自雇劳动者的情况）。这一问题必须通过各种紧急措施加以解决，包括将一般税收资助的疾病津贴扩大到其未覆盖的工人；将失业福利扩大到自雇劳动者；放宽获得社会援助或其他税收支持福利的资格标准；通过一次性付款向所有居民提供一般性收入支持；以及为流离失所者和其他弱势群体提供额外支持（ILO，2020d）。

在许多发展中国家（地区）和新兴经济体，社会保障计划所覆盖的人口比例相对较小，社会保障非个人供款计划和政府援助通常只面向特定的弱势群体，这就带来了巨大的社会保障缺口，导致很大一部分人口无法获得社会保障（Blofield，Giambruno and Filgueira，2020）。新冠危机对不能获得社会保障的工人造成了严重影响，凸显了在危机期间及危机后扩大社会保障覆盖面的必要性。非洲、拉丁美洲和加勒比地区各国政府在这方面做出积极努力，包括扩大现有转移支付的覆盖面，实施新计划，利用技术和移动银行（如莫桑比克和多哥），建立"需求驱动"机制，使失去收入来源的个人能够自行确认和申请社会保障（Blofield，Giambruno and Filgueira 2020；关于莫桑比克，见MGCAS，2020；Schwettmann，2020）。在拉丁美洲和加勒比地区，建立这种需求驱动机制的政府"在弥合保障缺口方面更进了一步"，为未来应对危机提供了可行经验（Blofield，Giambruno and Filgueira，2002）。

图2.B1显示社会保障已取得显著进展，但需要指出的是，应对政策有时会遇到潜在的挑战和瓶颈，其规模和覆盖面有限，许多国家（地区）的有效社会保障覆盖率仍然很低。尽管如此，为应对新冠危机，全球采取了前所未有的财政和社会保障措施，由此创造了新的势头，将社会保障扩大到通常未被覆盖的群体，而且是以更可持续的方式扩大社会保障。在某些情况下，在扩大社会保障范围的过程中，更全面、更新的政府记录和数据库可成为进一步制定社会计划的基础（Blofield，Giambruno and Filgueira，2020）。国际劳工组织呼吁，根据可持续发展目标的具体目标1.3和3.8（UN，2019；USP 2030 Global Partnership，2019；ILO，2019a），采取社会保障应对措施，发展普遍和可持续的社会保障体系，包括社会最低标准，而不是只推出"权宜之计"或零散的措施，为有负担能力的人提供补充性市场解决方案（ILO，2020d：6）。要做到稳健、包容和可持续，社会保障体系必须以国家法律和政策框架为基础，并具有公平和可持续的供资方式。

国际劳工组织在最近的一份报告中指出了区域层面社会保障最低标准的资金缺口，并提出了各国政府和社会伙伴应采取的具体行动，包括最大限度地扩大国内财政空间、增加官方发展援助和推动非正式经济向正式经济过渡的措施（Durán-Valverde et al.，2020）。

资料来源：ILO（2020d）；ILO（2021b）；ILO（2020e）。

▶ **图2.B1　全球和各区域应对新冠危机的社会保障政策**

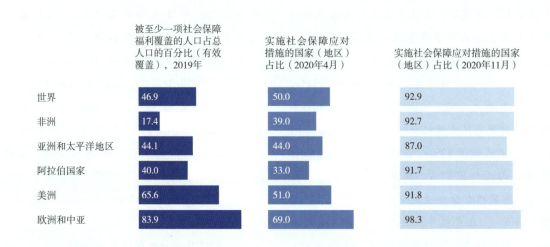

	被至少一项社会保障福利覆盖的人口占总人口的百分比（有效覆盖），2019年	实施社会保障应对措施的国家（地区）占比（2020年4月）	实施社会保障应对措施的国家（地区）占比（2020年11月）
世界	46.9	50.0	92.9
非洲	17.4	39.0	92.7
亚洲和太平洋地区	44.1	44.0	87.0
阿拉伯国家	40.0	33.0	91.7
美洲	65.6	51.0	91.8
欧洲和中亚	83.9	69.0	98.3

资料来源：ILO（2017）；ILO（2020d，3）；ILO（2020e，2）。

▶ 2.2　美洲

新冠肺炎疫情对美洲产生了重大影响，该区域的新冠肺炎确诊病例在全球新冠肺炎确诊病例中的占比非常高，因此加剧了先前就已存在的不平等问题。2020年，北美地区失业率飙升，拉丁美洲和加勒比地区成千上万的中小企业倒闭，工作岗位流失。新冠肺炎疫情给整个美洲的医疗卫生和经济成果带来了负面影响，其中受冲击最为严重的是更为贫困的人口和更加弱势的群体。疫情进一步暴露了北美的种族和族裔不平等，并对拉丁美洲和加勒比地区的非正式经济产生了重大影响，导致该次区域出现了劳动力市场调整的特殊模式（之后将对此进行分析）。

总体而言，新冠危机暴露了美洲在社会保障覆盖面方面的巨大缺口，在疫情之前，美洲地区总人口的65.6%至少享受一项社会保障福利，17.1%的失业人员领取现金福利（ILO，2021a），而欧洲和中亚地区这两方面的占比分别为83.9%和51.3%。

2.2.1　北美洲

疫情暴发前，加拿大和美国的经济增长势头强劲，劳动力市场形势良好。北美的劳动力利用不足率相对较低，失业是该地区劳动力利用不足的主要构成因素，但失业率已从2010年9.5%的高位稳步下降至2019年的3.9%（见附录C，表C10）。然而，从各群体获得体面工作机会的差异来看，体面工作不足仍然存在，这种不平等在2020年进一步加剧。

疫情严重影响了北美的公共卫生形势，导致北美经济活动急剧萎缩。许多公司面临产能过剩和严重的流动性不足问题，难以履行对供应商、贷款人、投资者、雇员和国家的承诺（ILO and OECD，2020），这导致了大规模的裁员，以及工时、工资与收入下降。过去十年服务业在该次区域的就业增长中占比最高，但现在该行业受到了非常严重的影响。2008~2009年全球经济危机爆发后，北美地区2009年的就业下降了3.4%，但在最近的这场危机中，就业的降幅甚至更大，2020年估计下降了5.8%（见图2.5，图2.6给出了拉丁美洲和加勒比地区的情况）。由于失业率大幅上升和劳动力参与率大幅下降，2020年加拿大和美国的失业率增幅远高于上次危机期间，也高于许多其他发达经济体。失业率急剧上升反映了加拿大和美国的政策方针，这两个国家倾向于为被裁人员提供更多失业福利，因此裁员成为普遍做法。与之形成对比的是，许多欧盟国家引入就业保留计划，允许工人与雇主保持制度性关系以避免裁员，即使工人的工时减少到零（ILO and OECD，2020）。

2020年北美失业率大幅上升并不能完全反映危机对就业的影响，因为：（1）劳动力参与率下降；（2）其他形式的劳动力利用不足上升。 失业率上升了4.5个百分点，相当于2020年新增约800万失业人口（见表2.2）。但是，在年度数据背后还有强大的季度效应，即失业率在2020年第一季度至第二季度增长了三倍，在第四季度呈下降趋势。因为在封锁期间获得的机会有限，以及强制居家措施带来的额外责任（例如，与照顾儿童和家庭教育相关的责任），许多被裁人员退出了劳动力大军，而不是失业（从就业变为在劳动力市场不活跃状态）。同样，求职者暂停求职活动（从失业变为在劳动力市场不活跃状态），这进一步抑制了失业率上升。北美地区的劳动力参与率下降了1.2个百分点（2008~2009年全球经济危机期间下降了0.6%），2020年潜在劳动力率上升了0.3个百分点。尽管如此，由于迅速展开疫苗接种，同时实施大规模财政刺激计划，北美预计将迎来全世界所有次区域中最强劲的劳动力市场复苏。2020~2022年间预计增加1300万个工作岗位，预计失业率在2021年降至5.3%，在2022年降至3.9%。

▶ **图2.5 2005~2021年北美实际GPD和就业增长情况**

资料来源：国际劳工组织劳工统计数据库；联合国经济和社会事务部；国际货币基金组织世界经济展望数据库，2021年4月。

▶ **图2.6 2005~2021年拉丁美洲和加勒比地区实际GDP和就业增长情况**

资料来源：国际劳工组织劳工统计数据库；联合国经济和社会事务部；国际货币基金组织世界经济展望数据库，2021年4月。

► 表2.2　2019~2022年美洲及其次区域的工时、就业、失业、劳动力、非正式就业及工作贫困的估算值与预测值

区域/次区域	每周总工时与15~64岁人口的比率				以全职等价工时表示的总工时（FTE=48小时/周）（百万小时）			
	2019年	2020年	2021年	2022年	2019年	2020年	2021年	2022年
美洲	26.7	23.0	24.9	26.3	374	325	355	376
拉丁美洲和加勒比地区	26.2	22.0	24.0	25.8	237	201	221	239
北美洲	27.5	24.9	26.7	27.3	137	124	134	137

区域/次区域	就业人口比（%）				就业人口（百万人）			
	2019年	2020年	2021年	2022年	2019年	2020年	2021年	2022年
美洲	59.7	54.2	56.2	58.8	471	433	454	479
拉丁美洲和加勒比地区	59.2	52.9	54.7	58.1	290	262	275	295
北美洲	60.4	56.5	58.8	60.0	181	171	179	184

区域/次区域	失业率（%）				失业人口（百万人）			
	2019年	2020年	2021年	2022年	2019年	2020年	2021年	2022年
美洲	6.4	9.6	8.9	7.0	32	46	44	36
拉丁美洲和加勒比地区	8.0	10.3	11.1	8.9	25	30	34	29
北美洲	3.9	8.4	5.3	3.9	7	16	10	7

区域/次区域	潜在劳动力率（%）				潜在劳动力（百万人）			
	2019年	2020年	2021年	2022年	2019年	2020年	2021年	2022年
美洲	3.4	4.9	4.2	3.5	18	25	22	19
拉丁美洲和加勒比地区	4.9	7.2	6.1	5.0	16	23	20	17
北美洲	0.8	1.1	0.9	0.8	2	2	2	2

区域/次区域	劳动力参与率（%）				劳动力（百万人）			
	2019年	2020年	2021年	2022年	2019年	2020年	2021年	2022年
美洲	63.8	60.0	61.7	63.2	503	479	498	515
拉丁美洲和加勒比地区	64.3	58.9	61.5	63.7	315	292	309	324
北美洲	62.9	61.7	62.1	62.4	188	186	189	191

区域/次区域	2019年非正式就业率（%）			2019年非正式就业人口（百万人）		
	合计	男性	女性	合计	男性	女性
拉丁美洲和加勒比地区	56.4	56.2	56.7	164	96	68
北美洲	19.1	19.1	19.1	35	19	16

区域/次区域	极端工作贫困，低于每日1.90美元（PPP）				中度工作贫困，每日1.90~3.20美元（PPP）			
	（%）		（百万人）		（%）		（百万人）	
	2019年	2020年	2019年	2020年	2019年	2020年	2019年	2020年
拉丁美洲和加勒比地区	3.0	3.8	8.8	9.9	5.0	6.8	14	18

　　注：潜在劳动力是指正在找工作，但只能在随后短时间内上岗工作的非就业人员；或目前没有找工作，但希望就业并可以上岗工作的非就业人员。中度贫困率和极端工作贫困率分别是指本人及其家庭的人均每日收入或消费按购买力平价计算为1.90美元~3.20美元和不足1.90美元的工人的比例。由于四舍五入，合计可能与各组成部分的总和不同。FTE=全职等价工时。

　　资料来源：国际劳工组织劳工统计数据库，国际劳工组织模拟估算，2021年4月；国际劳工组织（即将出版）。

低薪工人的失业率最高。 在危机的早期阶段，由于失业的低技能、低收入职业群体增加，加拿大和美国的就业结构发生了变化。例如，在2020年2月至4月期间，加拿大失业低薪员工是所有有偿带薪员工的两倍多（ILO and OECD，2020：14）。这种情况归因于低薪工人的行业分布，因为低薪工人往往在受影响最严重的行业工作，以及此类工人的职业分布，由于从事中低技能职业，他们不太可能居家工作（见第3章）。此外，许多保住工作的工人不得不减少工时。总体而言，与无疫情情景相比，北美地区的工时减少了10%，相当于损失了1300万个全职工作岗位。

尤其是，新冠疫情发生时，美国正面临种族局势紧张和政治两极分化加剧的局面，疫情进一步暴露了美国在医疗卫生和经济成果方面的严重不平等，这与该国根深蒂固的结构性障碍有关。例如，2019年12月疫情暴发之前，黑人或非裔美国人的失业率是白人的两倍，西班牙裔或拉丁裔的失业率是白人的1.4倍。受危机影响，所有族裔群体都出现了失业增加、失业率上升和劳动力参与率下降的情况，但在2020年5月危机开始后，西班牙裔或拉丁裔的失业率增幅最大（近13个百分点，而其他三个群体约为10个百分点）（见图2.7）。在因新冠肺炎疫情导致雇主停业或失去业务，从而无法工作的就业者中，该群体的比例也过高（见图2.8）。2020年全年，在仍然就业的人群中，拉丁裔或西班牙裔美国人与黑人或非裔美国人受限于职业分布特点，转向远程工作的可能性最小（该群体在服务业和工业从事中低技能工作的比例过高；见第3章）。该群体还表现出更显著的气馁效应，即不在劳动力队伍中的人因疫情而不去寻找工作。

▶ **图2.7 2019~2020年美国按种族群体划分的失业率**

资料来源：美国劳工统计局。

▶ 图2.8　2020年12月新冠危机对美国不同种族群体的劳动力市场影响

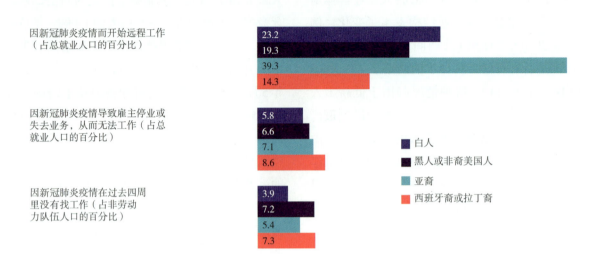

资料来源：美国劳工统计局。

在加拿大，有色少数族裔和原住民是最容易受到疫情影响的亚人口群体，也是最容易被疫情防控措施负面效应波及的亚人口群体。最近的一项研究（Hou，Frank and Schimmele，2020）发现，加拿大有色少数族裔和白人之间的贫困率差距有所下降，但即使是在将个人特征作为控制变量的情况下，双方的贫困率差距仍然很大。[①]同样，原住民（包括第一民族、因努伊特和梅蒂斯社区成员）生活在国家贫困线以下、处于家庭食物无保障状态的可能性要比非原住民高得多（Arriagada，Hahmann and O'Donnell，2020）。对于这些身处劣势的群体来说，待在家里意味着失去支付租金、食物和交通等基本需求的收入，也意味着居家儿童因为无法使用计算机或因特网而难以获得学习机会。根据加拿大统计局开展的一项众包调查[②]，原住民和大部分少数族裔的失业率更高、工时减少更多，与非原住民和白人人口相比，他们偿还债务或满足基本需求的难度更大（Hou，Frank and Schimmele，2020；

Arriagada et al.，2020）。同样，在2020年第三季度，那些有色少数族裔拥有多数股权的企业更有可能遭遇收入下降、流动性受限和更难获得信贷的问题（Tam，Sood and Johnston，2020）。此外，疫情早期阶段的数据表明，危机所引发的劳动力市场后果将对原住民造成更为长久的影响，即原住民的失业率通常会在更长时间内保持高位（Bleakney，Masoud and Robertson，2020）。

2.2.2　拉丁美洲和加勒比地区

拉丁美洲和加勒比地区的情况不同于北美地区，在新冠危机之前，该次区域呈现出宏观经济增长疲软，以及劳动力市场存在高度的不平等和非正式性的特点。事实上，在2014年大商品价格暴跌后的几年里，该次区域的经济甚至出现了负增长（见图2.6）。就业虽然保持正增长，但增幅有限，该次区域仍然面临高度不平等与非正式性方面的长期挑战。尽管拉丁美

[①]　个人特征包括移民身份（最近抵达的移民比生活在该国多年的移民更有可能陷入贫困）、官方语言知识、教育程度、就业状况和其他人口特征。除了菲律宾裔少数群体之外，所有有色少数族裔的贫困率都与白人存在差距，如果考虑到控制变量，日本裔少数群体的贫困率也与白人存在差距。

[②]　这项调查于2020年5月26日至6月8日期间由3.6万名加拿大人在线完成。由于调查数据并非基于随机抽样，调查结果只具有指示性，不能代表加拿大全部人口。

洲和加勒比地区包括许多中等收入国家，但在新冠危机暴发之前，约有2300万工人的收入不足以支持他们与家人过上贫困线以上的生活，其中880万人处于极端贫困状态（见表2.2）。失业率并不能完全反映出劳动力利用不足的严重性，因为与时间有关的就业不足率和潜在劳动力率都处于高位（前者在所有次区域中仅次于撒哈拉以南非洲，后者仅次于北非和阿拉伯国家）。年轻人尤其处于弱势地位，其失业率（2019年为18%）是成人的三倍。未就业、未接受教育和培训的年轻人的比例为21.5%，这意味着超过1/5的年轻人要么失业，要么处于不活跃且未接受教育和培训的状态。女性在获得体面工作方面继续面临障碍，突出表现为持续存在的性别工资差距（ILO，2020f：48–49）。

在拉丁美洲和加勒比地区，危机对劳动力市场的影响在规模和调整模式方面都是前所未有的。[①] 所有行业的企业都受到了严重影响，产出和销售数据大幅下降，流动性严重不足（ECLAC and ILO，2020）。虽然企业采取了各种方式来维持与员工的雇佣关系，但由于许多企业彻底关闭或暂停运营，工作岗位大量减少。该地区针对这场危机采取的应对措施与政策包括提前休假、减少工时或工资、制定就业保留计划或暂时中止工作（如智利、哥伦比亚、哥斯达黎加、厄瓜多尔、秘鲁和乌拉圭）；向企业或直接向工人提供工资补贴（如阿根廷、巴西、智利、哥伦比亚、哥斯达黎加、秘鲁和乌拉圭）；以及其他特殊政策（如智利和乌拉圭将失业保险扩大到裁员之外的情况）（Blofield，Giambruno and Filgueira，2020；ILO，2020g）。在包括阿根廷在内一些国家，工人和雇主进行谈判，达成了关于降薪的集体协议（ILO and OECD，2020）。很多大公司采取远程工作的方式，但小公司很少这么做，因为其所处的行业往往需要直接的人际互动，因此远程工作对较小的公司来说不太可行。企业采用的其他调整

机制包括在线营销和调整产品或服务。该地区各国政府出台的企业支持政策包括现金拨款、延期纳税或偿还贷款、提供信贷便利等。尽管如此，2020年该地区估计有270万家公司因疫情而关闭（ECLAC and ILO，2020：31）。

据估算，2020年拉丁美洲和加勒比地区在全世界所有次区域中工时降幅最大。 与无疫情情景相比，由于退出就业和工时缩短，该次区域相当于损失了3600万个全职工作岗位。就净就业增长而言，与无疫情情景相比，该次区域估计在2020年损失了3100万个工作岗位。前文所述的应对措施有助于缓解许多国家存在的正式工作岗位减少的问题，但整体情况仍然严峻。除了出台针对工人和企业的支持措施之外，一些政府（例如阿根廷、玻利维亚和墨西哥）禁止在卫生紧急情况期间裁员（Blofield，Giambruno and Filgueira，2020）。

拉丁美洲和加勒比地区的劳动力市场调整模式与以往形成了鲜明对比，2020年，大多数失去工作的人退出了劳动力队伍，而不是过渡到失业或非正式就业状态。 该次区域非正式就业通常能发挥反周期作用，在危机时期吸纳离开正式私营部门的劳动力。例如，在2008~2009年全球经济危机最严重的时候，该次区域的GDP下降了1.9%，但就业增长率仍为1.1%，许多失去工作的工人转为非正式就业，抵消了GDP下降的不利影响（见图2.6）。

新冠危机与以往的危机截然不同，非正式就业遭受到负面影响。 2020年第二季度，拉丁美洲和加勒比地区失业人口达到顶峰，在有季度劳动力调查数据的国家，净失业人口的大部分来自非正式就业，其中巴西失业的非正式就业者在该国净失业人口中的占比为58%，阿根廷为92%，智利、哥斯达黎加和秘鲁大约为65%。造成这种情况的原因是，该次区域的非正式工人和企业集中在生产率低的服务业，如酒店和餐饮、零售业以及个人服务等需要进行人际互动的行业，而

---

① 另见毛里齐奥（Maurizio，2021）利用季度数据对拉丁美洲和加勒比地区的就业危机进行的详细分析。

公共卫生危机和危机应对措施给这些行业造成极大冲击。在阿根廷，仅这些受到严重影响的服务行业中的非正式就业者就占总失业人口的近75%，秘鲁占58%，巴西、智利和哥斯达黎加占40%~45%（见图2.9）。非正式工作岗位也受到严重影响，因为这些岗位不属于就业保留计划及其他维持就业关系措施的覆盖范围。[①]

疫情对加勒比地区国家造成严重打击，导致这些国家的旅游业下滑，贸易和供应链中断。与2019年同期相比，2020年第一季度加勒比地区国家的国际游客数量下降了39%，2020年4月和5月旅游业完全停摆，2020年6月才开始再次开放（ILO，2020h：18）。在格林纳达和圣卢西亚（以旅游业为主的经济体）以及牙买加（旅游业相关产业与其他活动相结合的经济体），就业人口比和劳动力参与率急剧下降，年轻人受到的影响尤为严重（ILO，2020h）。与大多数拉丁美洲和加勒比地区国家相比，圣卢西亚服务业的非正式就业发生率低于其他行业（主要是因为在旅游业相关行业多为正式就业），2020年第二季度，危机对圣卢西亚造成的初步影响导致正式就业大幅下降（–41%），但由于许多失业人员转向非正式就业，非正式就业增加了34%，部分抵消了这一影响。[②]2020年第三季度，该国正式就业出现温和复苏，非正式就业有所下降。

拉丁美洲和加勒比地区并未将劳动力重新安置到正式就业岗位，2020年该地区就业人口急剧下降了6.3个百分点，劳动力参与率下降了5.4个百分点，失业率上升了2.3个百分点（见表2.2）。2020年，女性就业下降幅度更大，达到11.6%，而男性则为8%，女性劳动力参与率的下降幅度也大于男性。女性净失业人口为1390万人，其中有1220万人（88%）退出了劳动力队伍。相比之下，1360万失业男性中有1040万人（76%）退出了劳动力队伍（见附录C，表C9）。这种差异导致女性劳动力规模下降了9.2%，男性下降了5.7%，加剧了劳动力市场先前就存在的性别差距。

▶ **图2.9 拉丁美洲和加勒比地区部分国家2020年第二季度失业人口占2019年第四季度总就业人口的百分比，按正式状态划分**

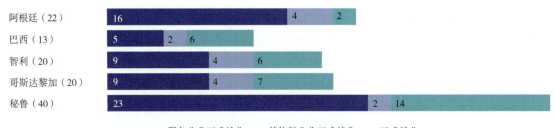

注："服务业非正式就业"是指在服务业的非正式就业；"其他行业非正式就业"是指在工业（制造业、采矿业、建筑业和公用事业）和农业的非正式就业。"正式就业"是指所有行业的正式就业。括号内的百分比表示2019年第四季度至2020年第二季度总就业人口的下降，由三个要素组成。例如，阿根廷2020年第二季度的总失业人口相当于危机前（2019年第四季度）就业人口的22%，总失业人口中约74%源自服务业失去的非正式工作岗位（相当于2019年第四季度就业人口的16%），19%源自其他行业失去的非正式工作岗位（相当于2019年第四季度就业人口的4%），8%源自失去的正式工作岗位（相当于2019年第四季度就业人口的2%）。由于四舍五入，合计可能与各组成部分的总和不同。

资料来源：国际劳工组织劳工统计数据库，国际劳工组织模拟估算，2021年4月。

---

① 很难确定这些调整模式在加勒比地区国家之间是否有所不同，因为大多数加勒比地区国家在疫情期间暂停了定期的家庭调查。

② 国际劳工组织根据劳动力调查数据计算所得。

　　工作和收入损失最终导致贫困和不平等加剧，对缺乏社会保障的非正式工人来说尤其如此。据估算，2020年拉丁美洲和加勒比地区新增的跌入贫困线以下的工人大约有440万人，其中110万人处于极端贫困线以下（见表2.2）。在该地区几个国家开展的调查证实，失业对收入低于最低工资的工人的影响十分严重。调查结果还显示，劳动力市场形势恶化，一些工人和家庭已继续获得全部或大部分的收入，另一些工人则失去了收入（ILO，2020h）。该次区域许多国家的政府认识到，非正式工人的不平等、贫穷和粮食不安全状况有恶化的风险，因此采取措施向这些工人提供社会保障。值得注意的

是，玻利维亚的非正式就业率特别高，非正式工人占比达到75%以上，阿根廷的非正式工人占比约58%，巴西为52%，秘鲁为48%。巴西人口众多，有4500多万名工人从政府政策中受益（见图2.10）。

　　预计拉丁美洲和加勒比地区复苏缓慢，尤其是在正式就业方面，这可能导致就业增长质量下降。由于很多企业消失，新成立的企业又有限，预计复苏进程缓慢，而高度的不确定性也将拖累复苏进程。值得一提的是，与以往危机一样，正式部门就业很可能落后于产出复苏。2021年，随着许多退出劳动力队伍的人重返劳动力市场，失业率预计将继续上升（11.1%）；

▶ **图2.10　2020年拉丁美洲和加勒比地区部分国家在新冠危机后接受政府拨款的非正式工人**

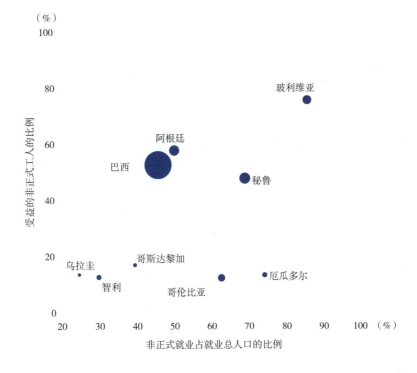

　　注：圆圈的大小反映了每个国家受益的非正式工人的估算人数，其中受益人口最多的是巴西（4670万人）、秘鲁（730万人）和阿根廷（650万人）。对受益的非正式工人的计算如下：对于阿根廷，指所有紧急家庭收入（IFE）受益者，但不是普遍儿童福利（AUH）和普遍怀孕津贴（AUE）的受益者；对于玻利维亚，指全民公益基金的所有受益者；对于巴西，指非家庭补助方案受益者的紧急援助受益者；对于智利，指紧急家庭收入受益者（IFE 2.0），但不是家庭补贴（SUF）的受益者，也不是69岁以上基本支持养老金（PBS）的受益者；对于哥伦比亚，指支持收入（Ingreso Solidario）的所有受益者；对于哥斯达黎加，指特别公益和保护公益的所有非正式或临时工受益者（占总受益者的23%），再加上这两个计划中51%的独立工人受益者（占总数的38%）；对于厄瓜多尔，指家庭保护基金的受益者总数；对于秘鲁，指居家基金（Bono Yo Me Quedo En）、独立基金（Bono Independiente）、农村基金（Bono Rural）和普遍家庭基金（Bono Familiar Universal）的受益者；对于乌拉圭，指紧急食品篮计划的受益者。

　　资料来源：国际劳工组织劳工统计数据库；Blofield，Giambruno and Filgueira，2020。

如果人员流动限制和非正式工作的其他障碍被解除,预计非正式就业将激增。在有2020年最后两个季度数据的国家,已经可以观察到这种效应。例如,在2020年第三季度,正式就业继续下降,但巴西的非正式就业温和上升了2%,哥斯达黎加和阿根廷则分别上升了20%和33%,因为在限制措施取消后,一些退出劳动力市场的人又回来了。在2020年第三季度,智利正式就业恢复增长,增长率为1.1%,而非正式就业也开始反弹,增长率达到11%。在2020年第四季度,拉丁美洲和加勒比地区所有有可用数据国家的非正式就业都出现了激增,其中巴西和哥斯达黎加增加了6%~8%,智利和秘鲁增加了30%以上。

▶ 2.3　阿拉伯国家

阿拉伯国家在疫情暴发之前就已面临多重危机。 在非海湾合作委员会(海合会)国家,旷日持久的冲突、战争、经济和金融不稳定,以及难民和流离失所者的大量涌入,给经济和劳动力市场带来了严重损失。日益恶化的生活状况引发了新的社会动荡。新冠危机加剧了巴勒斯坦被占领土的困难形势,在因疫情实施相关封锁之前,人员流动限制措施已经对生计产生了重大影响(ILO,2019b);伊拉克和叙利亚多年来饱受冲突的困扰;也门则陷入了毁灭性的人道主义危机。疫情发生之时,黎巴嫩正面临深度衰退、银行危机、货币快速贬值和恶性通货膨胀等问题,就在几个月之前,该国爆发了要求进行重大政治改革的大规模抗议活动。黎巴嫩是世界上人均难民人数最多的国家,相当于其人口的1/4,这给该国本已脆弱不堪的社会服务和机构带来了巨大压力。新冠肺炎疫情加深了该国的金融和经济危机,进一步威胁到企业的生存能力和工人的生计。此外,2020年8月贝鲁特港的爆炸造成了巨大的生命与生计损失,导致更为严重的移民和"人才外流"现象(World Bank,2021)。约旦的叙利亚难民也很多,新冠危机使该国之前面临的挑战进一步加剧,就业增长不足以吸纳越来越多的求职者,青年工人和女性工人受到的影响尤为严重。

在上述政治、经济和安全挑战的困扰下,非海合会阿拉伯国家存在体面工作不足的问题,表现为劳动力参与率和就业人口比低,失业率 和劳动力利用不足率高。许多工人受雇于生产率低、工资低的岗位和行业。在这些行业,非正式就业普遍存在,社会保障覆盖面低,工人特别容易受到经济冲击和危机的影响。据估算,2019年近1/3的非海合会阿拉伯国家的工人及其家人生活在贫困线以下。

海合会国家的情况不同于其他阿拉伯国家:海合会国家除了劳动力市场相对强劲之外,还拥有更多的政治稳定和财政空间,因此这些国家更容易执行有效的危机应对政策。 在疫情暴发前,因为全球石油需求减弱和石油价格下跌,以及经济缺乏多样性所带来的长期挑战,海合会国家的劳动力市场已经面临很多问题。此外,海合会国家具有双重劳动力市场,过度依赖公共部门工作岗位,国民失业率居高不下(海合会国家的公民将公共部门视为第一和最后雇主),而私营部门的就业者主要是移民工人。移民工人在这些国家的人口中占很大比例,他们往往受雇于服务业和建筑业(ILO,2020f)。值得注意的是,在科威特、卡塔尔和阿联酋,移民工人在私营部门就业者中的占比高达90%以上(Carvalho,Youssef and Dunais,2018)。

为了推动可持续发展,阿拉伯国家需要进行结构转型,鼓励私营部门创造对国民有吸引力的高附加值就业机会。 过去几年来,海合会国家推行了将私营部门就业"国有化"的计划(这一趋势被称为"沙特化""酋长国化""阿曼化"等),以减少国民对公共部门就业的依赖,但是这些措施收效甚微。在新冠危机加重公共财政压力的情况下，这些目标将变得更加紧迫。由于长期的全球经济衰退和石油价格低迷，有必要在中长期内削减公共开支，包括减少公共部门的就业开支。同时，需要从需求和供应两方面入手，着力解决海合会国家劳动力市场存在的双重结构问题。

就体面工作不足而言，阿拉伯国家普遍长期存在青年失业问题，此外，该地区在劳动力参与率和就业率方面的性别差距是全世界最大的（见图2.11）。多年来，各种因素造成了这些问题，包括劳动力需求不足和生产性工作缺乏、技能不匹配、社会趋势和规范以及家庭友好政策缺失。除女性、青年和非正式工人外，低收入移民工人（包括家政工人）、难民和流离失所者都是阿拉伯国家受到危机严重影响的群体。

新冠危机对阿拉伯国家产生了毁灭性的影响，加剧了该地区业已存在的危机。该地区各国采取了各种措施来遏制病毒传播，包括关闭机场和边境、实施宵禁和封锁。海合会国家的就业人口比下降了2.7个百分点，劳动力参与率下降了1个百分点，失业率上升了2.6个百分点（见表2.3）。受危机影响最大的是移民工人比

例较高的行业，如建筑业；包括家政工作和其他个人服务在内的其他服务活动；住宿和餐饮服务；批发零售业。在非海合会国家，就业人口比的降幅相对较小（1.5个百分点），主要表现为劳动力参与率下降和潜在劳动力增加。这些国家的劳动力利用不足率、非正式就业率和工作贫困率本来就相对较高，社会保障覆盖率又很低，危机对其的影响主要表现为收入损失和生计恶化。

新冠危机所引发的劳动力市场冲击对青年和女性的影响更为显著，这两个群体在阿拉伯国家本就处于非常不利的地位。2020年，女性就业同比下降4.1%，男性的这一比例为1.9%，青年为8.2%，成人为1.3%（见附录C，表C11）。然而，男性与成人的就业人口比的降幅更大，因为这两个群体在该地区劳动力队伍中占比更大（与此相对的是，女性和青年的代表性不足）。考虑到劳动力规模（相对于人口），即失业率和潜在劳动力率，女性和青年的劳动力利用不足指标增幅高于平均水平。在一个照料经济（包括由公共部门提供的儿童和老人照料）不发达、青年和女性就业机会有限的地区，出现这种情况并不奇怪。

▶ **图2.11　2019年按海合会成员身份以及性别划分的阿拉伯国家的劳动力市场性别差距**

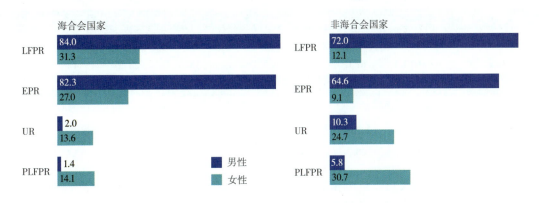

注："海合会国家"指海合会所有成员国，包括巴林、科威特、阿曼、卡塔尔、沙特阿拉伯和阿联酋。"非海合会国家"包括伊拉克、约旦、黎巴嫩、巴勒斯坦被占领土、叙利亚和也门。"LFPR"代表劳动力参与率（%），"EPR"代表就业人口比（%），"UR"代表失业率（%），"PLFPR"代表潜在劳动力参与率（%）。

资料来源：国际劳工组织劳工统计数据库，国际劳工组织模拟估算，2021年4月。

▶ 表2.3 2019~2022年阿拉伯国家及该地区按国家组别划分的工时、就业、失业、劳动力、非正式就业及工作贫困的估算值与预测值

区域/次区域	每周总工时与15~64岁人口的比率				以全职等价工时表示的总工时（FTE=48小时/周）（百万小时）			
	2019年	2020年	2021年	2022年	2019年	2020年	2021年	2022年
阿拉伯国家	25.9	23.3	24.4	25.4	50	46	49	52
海合会国家	34.8	31.1	32.9	33.9	28	25	27	28
非海合会国家	17.0	15.5	15.9	16.8	22	21	22	24

区域/次区域	就业人口比（%）				就业人数（百万人）			
	2019年	2020年	2021年	2022年	2019年	2020年	2021年	2022年
阿拉伯国家	47.1	45.1	45.8	53.6	52	55	57	46
海合会国家	62.8	60.1	61.2	61.5	28	28	28	29
非海合会国家	36.9	35.3	35.9	36.7	25	25	26	27

区域/次区域	失业率（%）				失业人口（百万人）			
	2019年	2020年	2021年	2022年	2019年	2020年	2021年	2022年
阿拉伯国家	8.1	9.9	9.5	8.9	4.7	5.8	5.7	5.5
海合会国家	4.0	6.6	5.6	4.9	1.2	1.9	1.7	1.5
非海合会国家	12.4	13.3	13.4	12.8	3.6	3.8	4.0	4.0

区域/次区域	潜在劳动力率（%）				潜在劳动力（百万人）			
	2019年	2020年	2021年	2022年	2019年	2020年	2021年	2022年
阿拉伯国家	7.2	8.8	7.8	7.4	4.5	5.6	5.1	4.9
海合会国家	3.8	4.6	4.2	3.9	1.2	1.4	1.3	1.2
非海合会国家	10.4	12.8	11.1	10.5	3.4	4.2	3.8	3.7

区域/次区域	劳动力参与率（%）				劳动力（百万人）			
	2019年	2020年	2021年	2022年	2019年	2020年	2021年	2022年
阿拉伯国家	51.3	50.1	50.6	50.8	58	58	60	62
海合会国家	65.4	64.4	64.8	64.7	29	29	30	31
非海合会国家	42.1	40.8	41.5	42.1	29	29	30	31

区域/次区域	2019年非正式就业率（%）			2019年非正式就业人口（百万人）		
	合计	男性	女性	合计	男性	女性
阿拉伯国家	60.2	61.1	55.6	32	28	4

区域/次区域	极端工作贫困，低于每日1.90美元（PPP）				中度工作贫困，每日1.90~3.20美元（PPP）			
	（%）		（百万人）		（%）		（百万人）	
	2019年	2020年	2019年	2020年	2019年	2020年	2019年	2020年
非海合会国家	17.6	18.7	4.5	4.7	14.9	17.0	3.8	4.2

注：潜在劳动力是指正在找工作，但只能在随后短时间内上岗工作的非就业人员；或目前没有找工作，但希望就业并可以上岗工作的非就业人员。中度贫困率和极端工作贫困率分别是指本人及其家庭的人均每日收入或消费按购买力平价计算为1.90美元~3.20美元和不足1.90美元的工人的比例。"海合会国家"指海合会所有成员国，包括巴林、科威特、阿曼、卡塔尔、沙特阿拉伯和阿联酋。"非海合会国家"包括伊拉克、约旦、黎巴嫩、巴勒斯坦被占领土、叙利亚和也门。由于四舍五入，合计可能与各组成部分的总和不同。FTE=全职等价工时。

资料来源：国际劳工组织劳工统计数据库，国际劳工组织模拟估算，2021年4月。

由于阿拉伯国家的社会保障体系薄弱，工时和工作岗位损失加剧了该地区的贫困和脆弱性。2020年，非海合会国家的极端工作贫困率估计上升了1.1个百分点，中等工作贫困率上升了2.1个百分点，生活在贫困线以下的工人及其家庭新增了约67万。工作贫困增多导致该地区失业对贫困的影响加剧。在所有区域中，阿拉伯国家是社会保障最低筹资缺口占税收负担比例最高的地区，2019年估计为45%左右（Durán–Valverde et al.，2020：46）。就这方面而言，非海合会国家政府迫切需要与社会伙伴合作，实施紧急措施资助战略，防止大部分人口跌入贫困线以下。这些国家还需要尽快实施包含基本社会保障在内的国家社会保障最低标准，同时为发展坚实、全面和可持续的长期社会保障体系铺平道路。

阿拉伯国家有大量移民工人，包括受新冠危机严重影响的家政工人（见第3章）。海合会国家的移民工人受雇于前文所述的那些受到疫情严重影响的行业，而这些行业同时也是接触病毒概率较高的行业。例如，许多移民女性工人从事家政工作或其他需要进行人际互动的服务工作，移民男性工人大多在建筑行业工作，居住在人群密集、卫生条件很差的移民劳工营地（Pattison and Sedhai，2020）。此外，有的移民工人失去了工作，希望离开自己所在的国家，但是因为机场关闭和航班取消而无法离开，处于资源匮乏的境地。黎巴嫩的情况即是如此，新冠肺炎疫情加剧了该国业已存在的经济危机，国民家庭收入进一步下降，导致移民家政工人的合同突然终止，雇主不能支付或只能支付部分薪酬，或拖延支付薪酬。一些人被困在黎巴嫩，很难获得药品和食物（ILO，2020i；ILO，2020j）。

海合会国家移民工人的就业、工时和收入下降将对其原籍国产生负面影响。这些国家的移民人口既有来自南亚和北非的工人，也有来自该地区就业机会有限的其他阿拉伯语国家的年轻人。据估算，2020年非海合会国家的移民侨汇流入量（所有来源的移民侨汇，其中很大一部分来自海合会国家）占约旦GDP的9%、巴勒斯坦被占领土GDP的17%、黎巴嫩GDP的

33%（见图2.12和图2.13）。移民工人的侨汇通常在危机时期发挥反周期作用，是该地区弱势群体的生命线，然而疫情对侨汇产生了严重影响（见图2.14）。据估算，2020年阿拉伯国家侨汇流入量减少了11.7%（国际劳工组织根据世界银行、全球移民与发展知识伙伴关系的数据计算而得）。侨汇的减少将导致该地区的贫困增加。

▶ **图2.12　2019年海合会国家移民侨汇流出量**

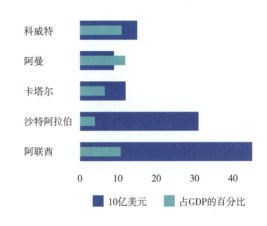

资料来源：世界银行，全球移民与发展知识伙伴关系。

▶ **图2.13　2020年非海合会成员国移民侨汇流入量**

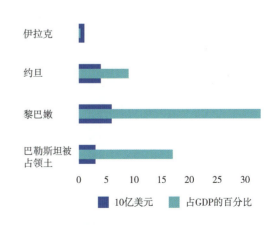

注：2020年的移民侨汇流入量为估算值。该数据反映的是不属于海合会成员国的阿拉伯国家的情况。

资料来源：世界银行，全球移民与发展知识伙伴关系。

▶ 图2.14 2019~2020年非海合会国家移民侨汇流入量的同比变化

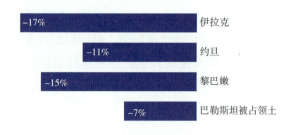

注：2020年的移民侨汇流入量为估算值。该数据反映的是不属于海合会成员国的阿拉伯国家的情况。

资料来源：世界银行，全球移民与发展知识伙伴关系。

在阿拉伯国家，最容易感染新冠肺炎的群体是大量难民和流离失所者，他们在疫情暴发之前就面临着比当地居民更为糟糕的劳动力市场结果和条件，遭受歧视和不平等待遇（ILO，2020j）。例如身处黎巴嫩（150万人）和约旦（65万人）的叙利亚难民，他们比这些国家的居民更可能处于失业状态。有工作的难民通常从事低薪非正式工作，按天受雇或是临时性、季节性受雇，没有工作许可证或正式合同安排，也无法获得社会保障（Kebede，Stave and Kattaa，2020a；2020b）。在新冠危机早期阶段（2020年4月），从国际劳工组织约旦项目和计划数据库中选择了部分叙利亚人和约旦人展开抽样调查。调查发现，危机前处于受雇状态的叙利亚人在危机后有35%永久失业，而约旦人的这一比例仅为17%。叙利亚人的收入损失也更加明显，其平均收入低于约旦的法定最低工资（Kebede，Stave and Kattaa，2020a）。

新冠危机严重影响了难民和移民工人以及其他非正式经济工人，但政府实施的旨在减轻危机影响的支助措施大都没有涵盖此类人群。在复苏期间，必须积极制定政策，通过三方协商和对话来应对该地区劳动力市场的各种挑战，并加强社会保障体系。此类干预应当遵循国际劳工标准，特别是1952年《社会保障（最低标准）公约》（第102号）、2012年《关于社会保护底线的建议书》（第202号）、2015年《关于从非正式经济向正式经济转型建议书》（第204号）、2017年《关于面向和平与复原力的就业和体面劳动建议书》（第205号）、1949年《移民就业公约》（修订本）（第97号）、1975年《关于移民工人的建议书》（第151号），以及其他相关文书和规定（比如《关于难民和其他被迫流离失所人员进入劳动力市场的指导原则》）。

海合会国家和非海合会国家之间存在巨大的收入水平差距，这引起了人们对不平等复苏的担忧。在这种情况下，因缺乏财政空间而无法为大规模刺激计划提供资金的较贫穷国家被抛在后面，并将在未来几年遭受危机的伤痕效应。收入水平差距还将影响疫苗接种的范围、政府继续控制疫情的能力，以及实施必要措施以促进快速、有包容性的劳动力市场和经济复苏的能力。该地区有效、可持续的复苏不仅取决于个别经济体的复苏，还取决于阿拉伯国家之间贸易和援助流动的恢复。这场危机突出表明，不论是侨汇，还是贸易和投资流动，地区内各经济体都是相互依存的。在加强地区合作和团结的过程中，必须吸取这些经验教训，从而建立有韧性的、可抵御类似规模危机的地区经济。

▶ 2.4 亚洲和太平洋地区

在新冠肺炎疫情暴发前的十年里，亚洲和太平洋地区（亚太地区）的经济增长率位居世界前列。在技术变革、贸易及不断融入全球与区域价值链等多种因素的共同推动下，亚太地区出现了结构转型，由于地理位置和技能水平差异，工人群体之间的不平等随结构转型而加深；但更为普遍的是人口群体之间的不平等，其中女性和青年的平均就业结果相对更差（ILO，2020f）。2011~2017年，该区域许多国家（地区）的劳动收入占总收入的比例有所下降，反映出生产转向资本密集型行业（ILO，2020k）。在外国投资的推动下，城市中心的私营部门就业增加，包括工业和服务业的中等技能工作和高技能工作。城市中心的低生产率服务业非正式就业也有所增加，这些服务业吸纳了不断增长的失去农业工作的劳动力。亚太地区劳动力市场成果方面的城乡差距本就日益扩大，而技术变革加剧了这种扩大趋势（ILO，2020f）。

在危机开始时，亚太地区各国的劳动力参与率和就业率位列世界前茅，劳动力利用不足率相对较低。然而，这些指标掩盖了很多层面的困难，包括工作贫困发生率高、非正式程度高、工资低和工作条件差。尽管过去二十年亚太地区在减贫方面取得了重大进展，但该区域仍有约3亿工人及其家人生活在贫困之中，例如，2019年该区域约有5800万名极端贫困工人（见表2.4）。大约2/3的工人仍然从事非正式工作（有些国家和地区的这一比例更高），社会保障体系缺乏或不完备。因此，很大一部分人口仍然极易受到新冠肺炎疫情等危机的影响。

新冠危机给亚太地区带来了沉重打击，但由于病毒的实际传播、为遏制病毒传播而采取的措施的严格程度和范围以及各国产出、出口和就业构成的不同，各次区域所受的影响差异很大。总体而言，因为该区域高度融入全球和区域供应链，旅游业对当地经济的贡献很大，所以全球需求下滑、封锁措施、旅行禁令和流动限制对该区域造成了极大冲击。该区域所有国家（地区）都未能幸免于这场危机，但受影响程度最为严重的是那些受到旅游业崩溃和制造业供应链中断双重影响的国家，如马来西亚、菲律宾和泰国（ILO，2020k）。太平洋岛屿地区的劳动力市场因高度依赖旅游业及其对其他经济部门的溢出效应，也受到了严重影响（ILO，2020k）。

2020年第一季度，危机对亚太地区劳动力市场的初步影响体现在工时大幅减少，相当于失去了1.15亿个全职工作岗位，而工时损失主要发生在东亚地区（见图2.15）。2020年第二季度东亚的工时损失有所减少，但其他两个次区域的工时损失大幅增加，导致整个区域总共损失了2.95亿个全职工作岗位，其中南亚的损失最大。到2020年第二季度，该区域大多数国家和地区出现了工时减少与就业人口减少同时发生的情况（ILO，2020k）。2020年第三季度和第四季度情况开始改善，工时损失随时间推移而逐渐减少。就净工作岗位损失而言（这里指实际损失，而非等价工时的全职工作岗位的损失），根据国际劳工组织的估算，与无疫情情景相比，2020年亚太地区的就业缺口达到7300万，其中南亚4700万、东亚1500万、东南亚和太平洋岛屿1100万。[①]

亚太地区相对成功地遏制住了疫情，由此推动了劳动力市场的复苏，但预计这种复苏将受到旅游业衰退等全球因素的制约。事实上，原本预计在2020~2021年出现的复苏已经在2020年底实现了很大一部分，工时损失仅为全年平均工时损失的1/3多一点。更多的复苏进展将取决于对疫情的持续成功控制（通过疫苗接种等方式），以及协调一致的政策行动（见结论）。

[①]　对该区域和次区域就业缺口的修正估算值低于国际劳工组织（2020K，20–21）此前的估算值，主要是因为工时损失估算值的下调。

▶ 表2.4　2019~2022年亚洲和太平洋地区及其次区域的工时、就业、失业、劳动力、非正式就业及工作贫困的估算值与预测值

区域/次区域	每周总工时与15~64岁人口的比率				以全职等价工时表示的总工时（FTE=48小时/周）（百万小时）			
	2019年	2020年	2021年	2022年	2019年	2020年	2021年	2022年
亚洲和太平洋地区	28.7	26.3	27.8	28.1	1 739	1 607	1 709	1 745
东亚	34.1	32.5	33.5	33.6	830	791	812	814
东南亚和太平洋地区	29.4	27.0	28.0	28.9	291	270	282	294
南亚	23.4	20.4	22.6	23.1	617	547	614	636

区域/次区域	就业人口比（%）				就业人口（百万人）			
	2019年	2020年	2021年	2022年	2019年	2020年	2021年	2022年
亚洲和太平洋地区	57.9	55.4	56.5	56.7	1 907	1 845	1 902	1 931
东亚	64.7	63.2	63.5	63.3	895	879	887	888
东南亚和太平洋地区	65.7	63.5	63.9	64.6	345	338	345	353
南亚	48.2	44.6	46.8	47.5	666	628	670	690

区域/次区域	失业率（%）				失业人口（百万人）			
	2019年	2020年	2021年	2022年	2019年	2020年	2021年	2022年
亚洲和太平洋地区	4.4	5.2	5.0	4.7	87	101	99	95
东亚	4.4	4.8	4.6	4.5	41	44	43	41
东南亚和太平洋地区	2.6	3.2	3.6	3.2	9	11	13	12
南亚	5.3	6.8	6.1	5.7	37	46	44	41

区域/次区域	潜在劳动力率（%）				潜在劳动力（百万人）			
	2019年	2020年	2021年	2022年	2019年	2020年	2021年	2022年
亚洲和太平洋地区	2.4	3.6	2.7	2.4	49	73	54	50
东亚	2.5	3.7	2.7	2.6	24	36	26	25
东南亚和太平洋地区	2.8	3.7	3.2	2.9	10	13	12	11
南亚	1.9	3.5	2.3	2.0	14	24	17	15

区域/次区域	劳动力参与率（%）				劳动力（百万人）			
	2019年	2020年	2021年	2022年	2019年	2020年	2021年	2022年
亚洲和太平洋地区	60.5	58.4	59.4	59.5	1 994	1 946	2 001	2 025
东亚	67.6	66.4	66.6	66.3	936	923	930	929
东南亚和太平洋地区	67.4	65.6	66.2	66.7	354	350	357	365
南亚	50.8	47.9	49.9	50.3	703	674	713	731

区域/次区域	2019年非正式就业率（%，按性别划分）			2019年非正式就业人口（百万人，按性别划分）		
	合计	男性	女性	合计	男性	女性
亚洲和太平洋地区	67.0	70.0	61.7	1 278	853	424
东亚	50.9	52.3	48.8	456	262	192
东南亚和太平洋地区	69.1	69.4	68.5	238	138	100
南亚	87.6	87.2	89.3	584	452	132

区域/次区域	极端工作贫困，低于每日1.90美元（PPP）				中度工作贫困，每日1.90~3.20美元（PPP）			
	（%）		（百万人）		（%）		（百万人）	
	2019年	2020年	2019年	2020年	2019年	2020年	2019年	2020年
亚洲和太平洋地区	3.0	4.4	58	82	12.7	16.6	242	307
东亚地区	0.5	0.8	5	7	2.9	3.9	26	34
东南亚和太平洋地区	2.6	3.9	9	13	11.0	14.0	38	47
南亚	6.7	9.8	45	62	26.7	35.9	178	225

　　注：潜在劳动力是指正在找工作，但只能在随后短时间内上岗工作的非就业人员；或目前没有找工作，但希望就业并可以上岗工作的非就业人员。中度贫困率和极端工作贫困率分别是指本人及其家庭的人均每日收入或消费按购买力平价计算为1.90美元~3.20美元和不足1.90美元的工人的比例。由于四舍五入，合计可能与各组成部分的总和不同。FTE=全职等价工时。

　　资料来源：国际劳工组织劳工统计数据库，国际劳工组织模拟估算，2021年4月；国际劳工组织（即将出版）。

▶ 图2.15　2020年亚洲和太平洋地区相对于危机前基线的工时损失

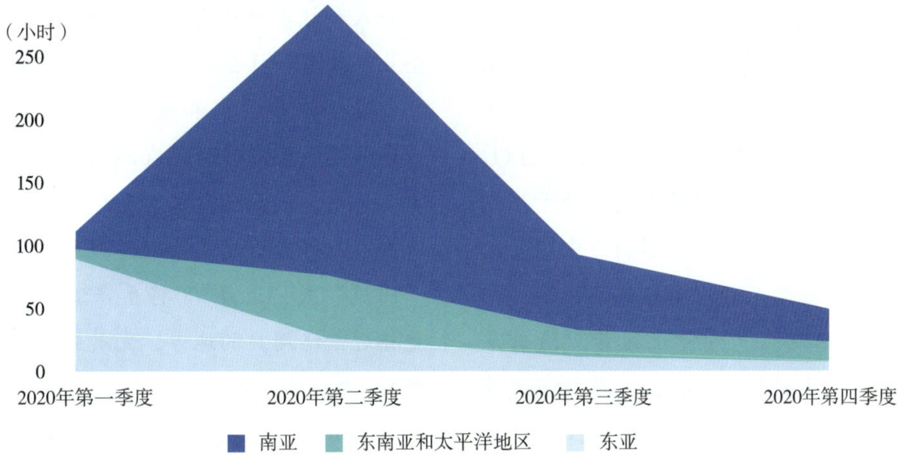

（小时）

南亚　东南亚和太平洋地区　东亚

注：纵轴表示使用每周工作48小时的换算系数换算的全职等价工时损失。以2019年第四季度作为危机前基线。

资料来源：国际劳工组织劳工统计数据库，国际劳工组织模拟估算，2021年4月。

在区域层面，与无疫情情景相比，2020年估算的净失业人口中的30%以上来自制造业，约21%来自建筑业，约16%来自批发和零售业，约10%来自住宿和餐饮服务（主要是旅游和酒店相关行业），约7%来自包括个人服务在内的"其他服务"（见图2.16）。在这场危机中，通常发挥反周期作用，吸纳失业工人的两个行业（建筑业和批发零售业）是造成就业损失的主要部分。然而，有证据表明，亚太地区农业部门保持了其传统的反周期作用，具体表现为与2020年无疫情情景相比，该区域的就业增长虽然有限，但保持了正增长。

平均而言，该区域的女性比男性受工时减少和就业损失的影响更大，主要是因为女性在大多数受疫情严重影响的行业中占比过高。女性退出劳动力市场的可能性也远高于男性，而

▶ 图2.16　2020年亚洲和太平洋地区相对于无疫情情景的不同行业的净失业人口占比

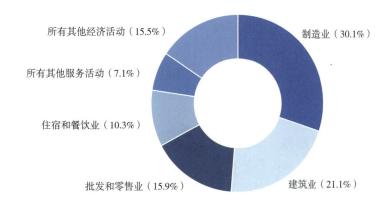

所有其他经济活动（15.5%）　制造业（30.1%）
所有其他服务活动（7.1%）
住宿和餐饮业（10.3%）
批发和零售业（15.9%）　建筑业（21.1%）

注：附录B详细列出了图中数据所依据的活动分类标准。确定无疫情情景的根据是假设没有发生新冠肺炎疫情大流行的预期演变情况。

资料来源：国际劳工组织的估算。

专栏2.2　新冠危机与全球供应链的未来

2020年，新冠危机严重扰乱了世界各地的贸易和投资，局部影响在全球供应链中产生了"涟漪效应"，[①]扩大到全行业和全国，进而扩大到其他行业和其他国家和地区（ILO，2020l；ILO，2020m）。新冠肺炎疫情处于早期阶段时，对供应端产生了强烈影响，中国的工厂关闭，导致下游工业的中间投入品短缺，相关行业的公司限制生产或停止运营。随着危机加深，需求端也受到了冲击，涟漪效应被放大，影响到供应链各个环节的企业和工人。危机严重打击了亚太地区的制造业，再次凸显了全球供应链中小微企业的脆弱性。由于这些企业不易获得资源和资金，其工人也很难获得医疗卫生和其他社会保障机会（见第3章）。危机过后，必须做出更大努力，解决全球供应链中体面工作不足的问题，最好采取多方利益相关者介入和社会对话的办法，确保供应链内所有企业、政府和社会伙伴都能参与其中。

对于许多国家和地区而言，新冠肺炎疫情还凸显了经济多样化在减轻外部冲击方面的重要作用。例如，危机对全球供应链产生重大冲击后，可能引发某些趋势或结构变化，比如"回流"或"近岸"（将生产流程要素转移到更接近最终用户的地方，尤其强调区域内供应链）、供应商多样化、增加关键零部件和产品组件的库存，以及旨在减少人员接触的自动化（ILO，2020n）。所有这些变化都可能对供应国的地区就业产生重大和持久的影响。因此，亚太地区各国应将新冠危机视为一次警钟，由此认识到经济多样化的必要性，转变过度依赖出口的增长方式，实现更可持续、更具包容性的结构转型（ILO，2020n）。

[①]　全球供应链的形式可以是跨国公司的外国直接投资（例如，通过全资子公司或合资企业直接雇用工人），也可以是生产网络。通过这些生产网络，大公司将其生产流程的要素外包给一级供应商，一级供应商再通过分包商购置各种投入品（ILO，2016）。

男性则在新增失业中占比更大。该区域的青年受就业损失的影响也较为严重，2020年青年就业率下降了10.3%，而成人就业率仅下降了2.4%。失去工作的年轻人可能会出现严重的气馁效应，而已经失业的人当中也出现了此种效应，因为许多人停止了求职活动，同时由于疫情期间缺乏机会而退出劳动力大军。于是，一方面青年失业率上升，另一方面净失业人口下降。《亚洲和太平洋地区就业和社会展望》报告全面阐述了危机对该区域青年的影响（ILO，2020K）。

来自亚太地区的移民工人是另一个被危机严重影响的群体。他们当中的很多人都是在海合会国家（见第2.3节）、欧洲以及亚太地区的其他国家（特别是澳大利亚、文莱、日本、马来西亚、新西兰、韩国、新加坡和泰国）工作。这场危机导致大量工人返回原籍国，亚太地区部分国家的侨汇流入量急剧减少。例如，印度

通过特别航班和船只遣返了60多万名滞留的移民工人（Ratha et al.，2020：33）。截至2020年10月，23万多名在海外工作的菲律宾工人返回了菲律宾，相当于该国近一半的失业移民工人。据估算，大约有12万名移民工人从泰国返回柬埔寨（Ratha et al.，2020：6）。2020年，东亚和太平洋地区的侨汇流入量合计为1360亿美元，下降了7.9%（Ratha et al.，2021：3）。

这场危机进一步暴露了亚太地区存在的巨大不平等，对生活在贫困或贫困边缘的低技能工人和非正式工人造成了严重影响。与无疫情景相比，2020年低技能工人占女性失业人口的49%，占男性失业人口的47%。小微企业因为多在非正式行业经营，也受到了严重影响，尤其是在2020年第二季度，这些企业可能需要更长时间才能恢复（ILO，2020K）。来自有劳动力调查数据的国家（地区）的证据表明，因

为可获得的就业保障有限，在很多行业中都有较高比例的非正式工人失业。例如，2020年第二季度，越南非正式工人占失业人口的61%，正式工人则面临相对较多的工时减少（ILO，2020K：43）。然而，到了第三季度，由于正式企业难以维持其劳动力水平，正式工人的工时和岗位损失都大于非正式工人。这表明，随着许多退出劳动力队伍的人重新进入劳动力市场，一些劳动力被再分配到非正式岗位。

工时和工作岗位减少导致亚太地区收入大幅下降，民众的生计恶化。就整个区域而言，2020年劳动收入估计下降了6.6%。就次区域而言，如果不考虑收入支助措施的抵消效应，南亚、东南亚和太平洋地区以及东亚的劳动收入降幅估计分别为13.4%、5.0%和4.1%。极端工作贫困率（即本人及其家庭的人均每日收入或消费按购买力平价计算不足1.90美元的工人的比例）估计在2020年上升了1.4个百分点，相当于新增了2400万处于极端贫困状态的工人（见表2.4）。据估算，中度贫困率也有所增加，增幅为3.9个百分点，相当于新增了约6500万处于中度贫困状态的工人，这些工人及其家庭的人均每日收入或消费按购买力平价计算为1.90美元~3.20美元。许多国家（地区）的政府在危机期间加强了对企业和工人的援助，在某些情况下，供款和非供款社会保障计划的范围扩大，涵盖了以前被排除在外的群体。**亚太地区目前面临的重大制度性挑战是，如何将危机期间的短期紧急支持转变为中长期的、更充分的社会保障体系**（见ILO and ESCAP，2020）。

▶ 2.5　欧洲和中亚

新冠危机之前，欧洲和中亚地区许多国家的人口和劳动力老龄化问题已经成为其政策制定者的关注重点，新冠危机爆发后，该问题加剧了疫情引发的公共卫生挑战。平均而言，老年人面临着更为严重的健康风险，但年轻人的处境也很困难，原因是机会减少和向非标准形式就业[①]转变的趋势，这些问题在该区域的某些国家尤其突出（ILO，2020f）。年轻人面临的劳动力市场挑战包括从学校到工作的过渡不理想、工作质量较低、青年失业率高、就业不足，以及未就业、未接受教育和培训的比率高，特别是在中亚和西亚。

这场危机对欧洲和中亚地区各国、各经济部门产生了严重但有差异的影响。这是由多种因素造成的，包括各国在医疗卫生方面所受影响和医疗保健系统能力方面的差异、全球和国内需求的变化、生产和供应链的中断、与特定活动相关的更高健康风险，以及政府为遏制病毒传播而采取的各种措施，如国际旅行限制、封锁和其他流动限制等。在疫情早期阶段（2020年3月至4月），北欧、南欧和西欧次区域的新冠肺炎确诊病例是全世界最多的。在2020年10月开始的第二波疫情中，其确诊病例数量再次激增。第二波疫情给东欧和中亚带来了重大的经济损失，这些地区的一些中等收入国家应对危机的财政空间比较有限，而在危机持续的情况下，其财政空间进一步缩小（ILO，2020o）。疫情暴发后，该区域大多数国家的企业和政府展开了社会对话，积极采取措施以最大限度保留工作，比如减少工时和启用休假或临时解雇制度。图2.17显示了2020年上半年这些措施的实施程度。当然，并非所有国家都有相同的财政空间，此外这类措施对工人和企业的覆盖范围在各国之间也存在很大差异。虽然

---

① 非标准就业形式包括临时就业（如定期合同或基于项目的合同）、兼职和随叫随到的工作，以及其他非永久性和非传统的合同关系。

采取了这些措施，但因为企业只能在收入有限的情况下努力维持其劳动力水平，所以失业人口仍然随时间推移而增加。

许多中小微企业受到的影响尤其严重（见第3章）。中小微企业的金融缓冲和危机预备能力有限，获得支持资金的机会也较少（因为资格标准，也因为相关官僚程序导致的资源限制）。此外，在受影响程度较大的行业，中小微企业所占的比例非常之高（OECD，2020a）。就工作岗位损失而言，2020年欧洲和中亚地区受影响最严重的行业是制造业、住宿和餐饮服务业（包括旅游和酒店业）、"其他服务"活动（包括个人和社区服务）、艺术和娱乐，以及批发和零售业。在应对危机中发挥关键作用的医疗和社会工作行业也受到严重影响，在许多国家，这些行业还面临着人员不足和工资偏低方面的长期挑战（OECD，2020b）。

从劳动调整的强度和广度来看，工时损失的细分情况反映了北欧、南欧和西欧地区对就业保留措施的严重依赖（见图2.18）。具体而言，与无疫情情景相比，2020年因劳动调整强度加大（企业减少工时而非裁员；同理，自雇劳动者减少了工时，但仍然在工作）而导致的工时损失占总工时损失的82%，而因劳动调整范围扩大（包括就业减少）而导致的工时损失占总工时损失的18%。与无疫情情景相比，该次区域的就业人口减少了380万人，其中约30%（或120万人）失业，约70%退出了劳动力队伍。整体而言，2020年工时下降了9.6%，相当于1500万个全职工作岗位（见表2.5）。

▶ 图2.17　2020年1~8月欧洲和中亚部分国家本地经济单位中由政府措施支持的工作岗位总数（短期工作或临时解雇计划中的岗位）

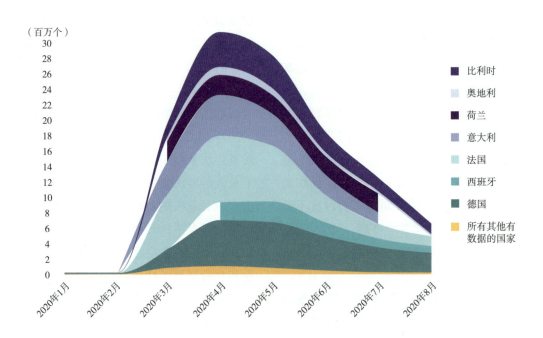

注：数据从2020年1月开始按月收集。所以数据均为临时性数据，后续可能会修改。"所有其他有数据的国家"包括保加利亚、克罗地亚、塞浦路斯、爱沙尼亚、芬兰、希腊、匈牙利、爱尔兰、拉脱维亚、立陶宛、马耳他、波兰、葡萄牙、罗马尼亚、斯洛伐克和斯洛文尼亚。

资料来源：欧盟统计局，收集自各国公共机构，如失业或就业办公室（比利时、法国和卢森堡）或税务当局（爱沙尼亚和爱尔兰）。某一特定经济体的就业总数数据或者来自该国的国家统计局，或者来自欧盟劳动力调查（在这种情况下，2020年1月至3月的是第一季度数据，其余月份的则是第二季度数据，即不是特定月份的数据）。

▶ 图2.18 2020年欧洲和中亚及其次区域按劳动调整的强度和广度划分的工时损失细分情况

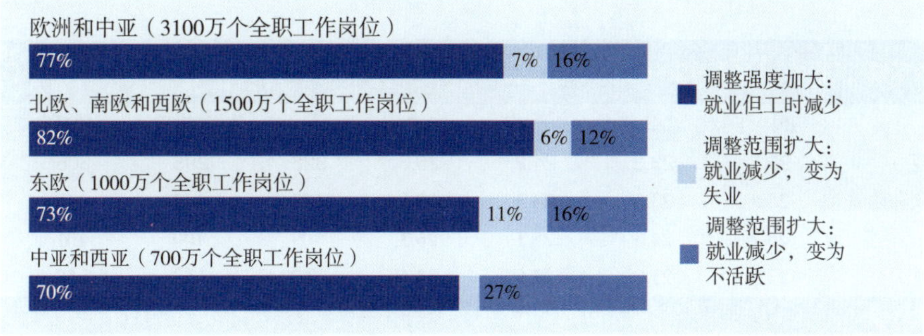

注：括号中给出了相对于无疫情情景的总工时损失，以假设每周工作48小时的全职工作岗位表示。调整强度加大是指虽然就业，但工时减少；调整范围扩大是指就业减少（根据平均实际工时，由估计的工时减少换算而来）。

资料来源：国际劳工组织劳工统计数据库，国际劳工组织模拟估算，2021年4月。

　　东欧以及中亚和西亚国家也实施了就业保留计划，但程度相对有限。分次区域来看，就业工时减少占东欧总工时损失的73%，占中亚和西亚总工时损失的70%（见图2.18）。相对于无疫情情景，2020年东欧净失业人口多达240万人，其中约130万工人（约56%）处于失业，其余约44%则退出了劳动力队伍。在这个非正式就业率相对较高的次区域，仅关注净失业情况将低估危机的影响，因为相当多的有偿带薪工作转为自营职业和无报酬的家庭工作，这弱化了就业减少的情况。需要特别注意的是，2020年该次区域无报酬家庭帮工的数量估计比无疫情情景高出20%，自营职业者增加了5%，部分抵消了中小企业有偿带薪工人和雇主的失业人口。

　　在中亚和西亚可以观察到明显的气馁效应，与2020年无疫情情景相比，320万净失业人口中只有4%体现为失业率上升，而其余96%的失业工人则退出了劳动力市场。在该次区域的一些国家，社会保障体系面临着比较大的挑战，反映在覆盖范围、可持续性和福利的充足程度方面（ILO，2017）。例如，在数据可得的最近一年，中亚和西亚领取失业现金津贴的失业人口的占比仅为12.0%，而东欧的占比为56.5%，北欧、南欧和西欧为46.2%（ILO，2017）。

　　据估算，与该区域的其他次区域相比，中亚和西亚次区域的社会保障最低筹资缺口在GDP中的占比最高，2019年为5.3%，占税收负担的比例为32.4%（Durán-Valverde et al.，2020），居世界第二位（仅次于阿拉伯国家）。如下所述，来自该次区域的移民工人在其劳动力中的占比很高，这些工人是受危机影响最严重的群体：他们往往被迫滞留在原籍国或目的地国，无论是哪种情况，都不一定在国家社会保障体系的覆盖范围之内。

　　2020年第二季度，欧洲和中亚地区出现最为严重的就业损失，同时劳动力参与率大幅下降，失业率上升。不少国家的就业在第三季度恢复了正增长，但由于很多退出劳动力队伍的人重新进入劳动力市场，失业率继续飙升，图2.19显示了欧盟27个成员国（EU–27）不同群体的具体情况。经济衰退之后，失业率指标往往落后于产出的复苏，这是因为离开劳动力队伍的人又重新回到了劳动力市场，而且企业也倾向于等到形势更加稳定后再开始招聘工人。

　　预计2021年欧洲和中亚将成为世界上唯一的就业停滞地区，因为部分国家为了应对上半年的第二波和第三波疫情，采取了新的封锁措施。2021年下半年的情况有所改善，将为2022年就业人口大幅上升和失业率下降打下基础。然而，复苏可能并不彻底，与2019年相比，预计2022年将新增200万人失业，另有100万人离开劳动力市场。

► 表2.5 2019~2022年欧洲和中亚及其次区域的工时、就业、失业、劳动力、非正式就业及工作贫困的估算值与预测值

区域/次区域	每周总工时与15~64岁人口的比率				以全职等价工时表示的总工时（FTE=48小时/周）（百万小时）			
	2019年	2020年	2021年	2022年	2019年	2020年	2021年	2022年
欧洲和中亚	25.7	23.3	24.2	25.3	326	295	306	319
北欧、南欧和西欧	25.8	23.3	24.3	25.5	157	142	148	154
东欧	26.7	24.6	25.3	26.3	109	100	101	104
中亚和西亚	23.9	21.0	22.5	23.4	60	53	58	61

区域/次区域	就业人口比（%）				就业人口（百万人）			
	2019年	2020年	2021年	2022年	2019年	2020年	2021年	2022年
欧洲和中亚	54.4	53.0	53.1	53.6	415	406	407	412
北欧、南欧和西欧	54.1	53.1	53.2	53.7	208	205	206	208
东欧	56.0	54.8	54.7	55.0	137	133	133	133
中亚和西亚	52.0	49.6	50.0	50.9	70	68	69	71

区域/次区域	失业率（%）				失业人口（百万人）			
	2019年	2020年	2021年	2022年	2019年	2020年	2021年	2022年
欧洲和中亚	6.7	7.4	7.5	6.9	29.6	32.3	32.8	30.6
北欧、南欧和西欧	7.0	7.6	7.7	7.1	15.6	16.8	17.0	15.9
东欧	4.8	5.7	5.4	4.9	6.8	8.1	7.6	6.9
中亚和西亚	9.3	9.8	10.6	9.9	7.1	7.4	8.2	7.8

区域/次区域	潜在劳动力率（%）				潜在劳动力（百万人）			
	2019年	2020年	2021年	2022年	2019年	2020年	2021年	2022年
欧洲和中亚	3.5	4.8	3.9	3.5	16.0	22.1	18.0	16.1
北欧、南欧和西欧	4.1	5.2	4.5	4.1	9.7	12.1	10.4	9.6
东欧	2.0	3.0	2.3	1.9	2.9	4.4	3.3	2.8
中亚和西亚	4.3	7.0	5.3	4.4	3.5	5.7	4.3	3.7

区域/次区域	劳动力参与率（%）				劳动力（百万人）			
	2019年	2020年	2021年	2022年	2019年	2020年	2021年	2022年
欧洲和中亚	58.2	57.2	57.4	57.6	444	438	440	443
北欧、南欧和西欧	58.2	57.4	57.6	57.8	224	221	223	224
东欧	58.8	58.2	57.9	57.9	143	142	140	140
中亚和西亚	57.3	55.0	55.9	56.5	77	75	77	79

区域/次区域	2019年非正式就业率（%）				2019年非正式就业人口（百万人）			
	合计	男性	女性		合计	男性	女性	
北欧、南欧和西欧	17.5	16.1	19.1		36.4	18.1	18.3	
东欧	21.7	23.3	19.8		29.7	16.8	12.9	
中亚和西亚	45.1	43.4	47.7		31.5	18.7	12.9	

区域/次区域	极端工作贫困，低于每日1.90美元（PPP）				中度工作贫困，每日1.90~3.20美元（PPP）			
	（%）		（百万人）		（%）		（百万人）	
	2019年	2020年	2019年	2020年	2019年	2020年	2019年	2020年
中亚和西亚	1.6	1.9	1.1	1.3	6.1	7.4	4.3	5.0

注：潜在劳动力是指正在找工作，但只能在随后短时间内上岗工作的非就业人员；或目前没有找工作，但希望就业并可以上岗工作的非就业人员。中度贫困和极端工作贫困率分别是指本人及其家庭的人均每日收入或消费按购买力平价计算为1.90美元~3.20美元和不足1.90美元的工人的比例。由于四舍五入，合计可能与各组成部分的总和不同。FTE=全职等价工时。

资料来源：国际劳工组织劳工统计数据库，国际劳工组织模拟估算，2021年4月；国际劳工组织（即将出版）。

▶ 图2.19　2020年第一、二、三季度欧盟27国的就业、劳动力和失业的季度增长率

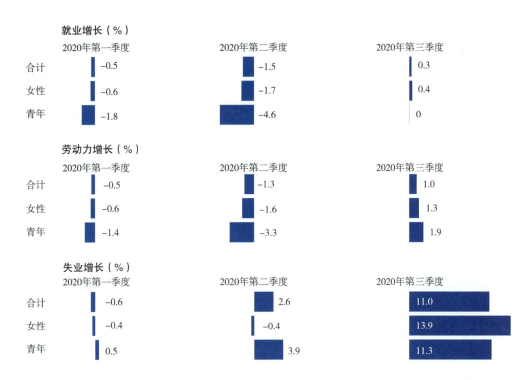

资料来源：欧盟统计局。

这场危机凸显了该区域各国之间和各国内部的不平等。欧盟27国的分类数据显示，某些工人群体受到的影响比其他群体更为严重（见图2.20）。签署临时合同的工人和兼职工人的工作的不安全感最强。这两个群体在2020年第一季度危机暴发时遭遇了最急剧的就业下降，就临时工而言，第二季度的降幅甚至更大。另外两个就业人口大幅下降的工人群体（按百分比计算）是青年工人和低技能工人（这两个类别有所重叠，因为青年在临时工和低技能工人中的占比非常高，特别是在一些受疫情影响最为严重的行业，如住宿和餐饮服务业以及零售业）。

由于教育和培训中断，青年受到危机的影响更为严重；受就业的行业构成所限，女性也受到了严重影响。图2.20显示，2020年第三季度低技能工人仍然受到岗位损失的影响，而所有其他群体的就业已经恢复正增长。从事需要近距离接触的职业的低技能体力劳动者比白领工人受到的影响更大，因为白领工人通常能够以远程方式工作。此外，低技能工人的工作性质意味着他们更容易感染病毒。与大多数其他区域一样，因为就业行业分布特点和过多从事无报酬照护工作，女性受到了不同程度的影响。相对于每一群体的适龄劳动人口规模，男性和女性的就业损失在总体层面上是相似的，但女性的劳动力参与率降幅更大（第1章和第3章对新冠危机的性别影响做了详细分析）。

欧洲和中亚几个低收入国家和中等收入国家是大量移民工人的来源国，包括循环性[①]和季节性工人，新冠危机对这些工人的影响尤为严重。移民工人中有很多是年轻人，他们因目的地国工资相对较高、原籍国职业前景不佳、不安全以及不满原籍国的腐败和不公正而被迫移徙（EBRD，2018；ILO，2020f）。很多移民工人来源国的侨汇流入量可能远远大于投资流入量，对依赖侨汇的家庭和社区来说，侨汇可

▶ 图2.20　2020年第一、二、三季度欧盟27国按工人群体划分的就业水平指数（2019年第四季度=100）

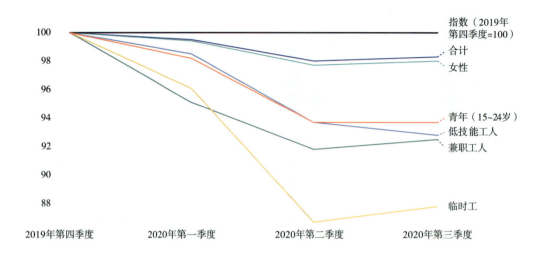

资料来源：欧盟统计局。

能是其重要收入来源之一。例如，在塔吉克斯坦和吉尔吉斯斯坦，2020年侨汇估计占其GDP的25%以上（见图2.21）。相比之下，2019年流入这两个国家的外国直接投资约占其GDP的2.5%。侨汇通常被认为是一个稳定的资金来源，在来源国经济衰退期间保持不变，甚至增加，从而发挥反周期作用（EMN，2020）。

新冠危机同时打击了移民工人来源国和目的地国。 在目的地国，严重依赖移民工人的行业难以维持其劳动力水平；许多移民工人收入下降，无力向家里汇款。移民工人之所以受到新冠危机的沉重打击，是因为他们大都从事非正式工作，无法获得充分的职业安全和健康措施保障，在东道国获得社会保障和支持的机会有限。旅行限制实施后，一些循环性移民工人被困在东道国，另一些则被困在其母国。由于其母国的劳动力市场已经陷入困境，而且社会保障体系也很薄弱，这些工人重返职场变得更加困难。考虑到其中一些国家劳动力移徙的规模，移民工人融入母国可谓困难重重。例如，乌兹别克斯坦的移民劳动力占其总就业人口的19%（Papa et al.，2020：9）。

移民工人的就业和收入损失造成该区域低收入和中等收入国家的侨汇流入量不足，进一步加剧了危机对这些国家经济的破坏性影响，这意味着将有更多人口面临贫困风险。欧洲和中亚地区的侨汇流入量预计将急剧下降，2020年降幅为9.7%（Ratha et al.，2021：3）。该区域部分国家的下降幅度估计更大，其中保加利亚约为59%、立陶宛约为39%、白俄罗斯约为29%、匈牙利约为23%、波黑约为20%（见图2.21）。预计2021年，甚至2022年，欧洲和中亚地区将成为世界上唯一的侨汇流入量仍然保持负增长的区域（Ratha et al.，2021：3）。

新冠危机对移民工人的影响进一步暴露了此类工人在许多国家面临的社会保障方面的差距。 葡萄牙等一些国家将社会保障的覆盖面扩大到所有外国公民，在获取医疗、住房、社会保障、就业和银行服务等方面给予他们与永久居民同等的权利（Mamede，Pereira and Simões，2020）。应当利用将社会保障扩大到这一弱势群体的势头，努力在疫情过后进一步缩小社会保障方面的差距（见专栏2.2）。

---

① 循环移徙可被定义为一种临时移徙形式，可以在某种程度上跨境往返流动（见Wickramasekara，2011）。

▶ 图2.21　2019~2020年欧洲和中亚部分国家的外国直接投资和移民侨汇流入量

	FDI，占GDP的百分比（2019年）	侨汇流入量占GDP的百分比 2020e	侨汇变化估算值，2019~2020年（%）
吉尔吉斯斯坦	2.5	29.4	−8.7
塔吉克斯坦	2.6	27.3	−5.8
格鲁吉亚	7.3	13.4	−6.6
黑山	8.4	12.5	2.8
乌兹别克斯坦	4.0	12.1	−18.2
亚美尼亚	1.9	10.8	−13.2
乌克兰	3.8	9.9	−4.6
阿尔巴尼亚	7.9	9.7	−0.5
波黑	1.9	9.3	−19.9
塞尔维亚	8.3	7.3	−8.7
克罗地亚	1.9	7.0	−1.4
阿塞拜疆	3.1	3.3	10.0
拉脱维亚	3.1	3.3	−4.7
罗马尼亚	2.8	3.0	−8.5
匈牙利	19.6	2.4	−22.5
白俄罗斯	2.0	1.7	−29.4
立陶宛	2.5	1.4	−39.4
保加利亚	2.2	1.4	−59.2

注：FDI指外国直接投资净流入量，GDP指国内生产总值。

资料来源：世界银行，全球移民与发展知识伙伴关系和世界发展指标数据库。

▶ 参考文献

▶ AfDB（African Development Bank）. 2020. *African Economic Outlook 2020 - Supplement：Amid COVID-19*.

▶ Arriagada, Paula, Tara Hahmann, and Vivian O'Donnell. 2020. "Indigenous People in Urban Areas：Vulnerabilities to the Socioeconomic Impacts of COVID-19". Statistics Canada, 26 May 2020.

▶ Arriagada, Paula, Kristyn Fran, Tara Hahmann, and Feng Hou. 2020. "Economic Impact of COVID-19 among Indigenous People". Statistics Canada, 14 July 2020.

▶ Bleakney, Amanda, Huda Masoud, and Henry Robertson. 2020. "Labour Market Impacts of COVID-19 on Indigenous People：March to August 2020". Statistics Canada, 2 November 2020.

▶ Blofield, Merike, Cecilia Giambruno, and Fernando Filgueira. 2020. "Policy Expansion in Compressed Time：Assessing the Speed, Breadth and Sufficiency of Post-COVID-19 Social Protection Measures in 10 Latin American Countries", ECLAC Social Policy Series No. 235. Economic Commission for Latin America and the Caribbean（ECLAC）.

▶ Carvalho, Antonio, Jeff Youssef, and Nicolas Dunais. 2018. *Maximizing Employment of Nationals in the GCC*. Oliver Wyman.

▶ Durán-Valverde, Fabio, José F. Pacheco-Jiménez, Taneem Muzaffar, and Hazel Elizondo Barboza. 2020. "Financing Gaps in Social Protection：Global Estimates and Strategies for Developing Countries in Light of the COVID-19 Crisis and Beyond", ILO Working Paper No. 14.

▶ EBRD（European Bank for Reconstruction and Development）. 2018. *Transition Report 2018-19：Work in Transition*.

▶ ECLAC（Economic Commission for Latin America and the Caribbean）and ILO. 2020. *Employment Situation in Latin America and the Caribbean：Employment Trends in an Unprecedented Crisis - Policy Challenges*.

▶ EMN（European Migration Network）. 2020. "The Impact of COVID-19 on Remittances in EU and OECD Countries", EMN Inform No. 4.

▶ Hou, Feng, Kristyn Frank, and Christoph Schimmele. 2020. "Economic Impact of COVID19 among Visible Minority Groups". Statistics Canada, 6 July 2020.

▶ IEJ（Institute for Economic Justice）. 2020. "Assessment of the Impact of the COVID-19 Crisis on the Southern African Development Community Labour Market". Report commissioned by the ILO, October 2020（unpublished）.

▶ ILO. 2016. "Global Supply Chains in Asia and the Pacific and the Arab States". ILO Regional

Office for Asia and the Pacific，and ILO Regional Office for the Arab States.

▶———. 2017. *World Social Protection Report 2017-19：Universal Social Protection to Achieve the Sustainable Development Goals*.

▶———. 2018. *Women and Men in the Informal Economy：A Statistical Picture*，3rd ed.

▶———. 2019a. *Universal Social Protection for Human Dignity，Social Justice and Sustainable Development：General Survey concerning the Social Protection Floors Recommendation，2012（No. 202）*. ILC.108/III/B.

▶———. 2019b. *The Situation of Workers of the Occupied Arab Territories*. ILC.109/DG/APP.

▶———. 2020a. *Issue Paper on COVID-19 and the Fundamental Principles and Rights at Work*.

▶———. 2020b. "COVID-19 Crisis and the Informal Economy：Immediate Responses and Policy Challenges"，ILO Brief，May 2020.

▶———. 2020c. "ILO Monitor：COVID-19 and the World of Work. Third Edition"，29 April 2020.

▶———. 2020d. "Social Protection Responses to the COVID-19 Crisis：Country Responses and Policy Considerations"，ILO Brief，23 April 2020.

▶———. 2020e. "Social Protection Responses to the COVID-19 Crisis around the World"，ILO Brief，31 December 2020.

▶———. 2020f. *World Employment and Social Outlook：Trends 2020*.

▶———. 2020g. *Panorama Laboral 2020：América Latina y el Caribe*. ILO Regional Office for Latin America and the Caribbean.

▶———. 2020h. *COVID-19 and the English- and Dutch-Speaking Caribbean Labour Market：A Rapid Assessment of Impact and Policy Responses at the End of Q3，2020*. ILO Office for the Caribbean.

▶———. 2020i. "Impact of COVID-19 on Migrant Workers in Lebanon and What Employers Can Do about It". ILO Regional Office for the Arab States.

▶———. 2020j. "COVID-19：Labour Market Impact and Policy Response in the Arab States"，ILO Briefing Note，15 May 2020. ILO Regional Office for the Arab States.

▶———. 2020k. *Asia-Pacific Employment and Social Outlook 2020：Navigating the Crisis towards a Human-Centred Future of Work*.

▶———. 2020l. "The Supply Chain Ripple Effect：How COVID-19 Is Affecting Garment Workers and Factories in Asia and the Pacific"，ILO Research Brief，October 2020.

▶———. 2020m. "COVID–19 and Global Supply Chains: How the Jobs Crisis Propagates across Borders", ILO Policy Brief, June 2020.

▶———. 2020n. "The Effects of COVID–19 on Trade and Global Supply Chains", ILO Research Brief, June 2020.

▶———. 2020o. *COVID–19 and the World of Work: Rapid Assessment of the Employment Impacts and Policy Responses - Serbia.*

▶——— 2021a. World Social Protection Data Dashboard. Available at: https://www.social–protection.org/gimi/WSPDB.action?id=19 [19 February 2021].

▶———. 2021b. "Towards Solid Social Protection Floors? The Role of Non–Contributory Provision during the COVID–19 Crisis and Beyond", ILO Brief, January 2021.

▶———. Forthcoming. *Women and Men in the Informal Economy: A Statistical Update.*

▶ ILO and ESCAP (Economic and Social Commission for Asia and the Pacific). 2020. *The Protection We Want: Social Outlook for Asia and the Pacific.* Bangkok: United Nations.

▶ ILO and OECD (Organisation for Economic Co–operation and Development). 2020. "The Impact of the COVID–19 Pandemic on Jobs and Incomes in G20 Economies", ILO–OECD paper prepared for the G20.

▶ Kebede, Tewodros Aragie, Svein Erik Stave, and Maha Kattaa. 2020a. *Facing Double Crises: Rapid Assessment of the Impact of COVID–19 on Vulnerable Workers in Jordan.* ILO, 1 May 2020.

▶———. 2020b. *Facing Multiple Crises: Rapid Assessment of the Impact of COVID–19 on Vulnerable Workers and Small-Scale Enterprises in Lebanon.* ILO, May 2020.

▶ Mamede, Ricardo Paes, Mariana Pereira, and Antóónio Simões. 2020. *Portugal: Rapid Assessment of the Impact of COVID–19 on the Economy and Labour Market.* ILO. June 2020.

▶ Maurizio, Roxana. 2021. "The Employment Crisis in the Pandemic: Towards a Human–Centred Job Recovery", Labour Overview Series Latin America and the Caribbean, Technical Note. ILO. April 2021.

▶ Mozambique, MGCAS (Ministry of Gender, Child and Social Action). 2020. *Plano de Reposta à COVID–19 em Moçambique: Protectção Social.*

▶ OECD (Organisation for Economic Co–operation and Development). 2020a. "Coronavirus (COVID–19): SME Policy Responses", 15 July 2020.

▶———. 2020b. "Beyond Containment: Health Systems' Responses to COVID–19 in the OECD",

16 April 2020.

► Papa, Jasmina, Azikhon Khankhodjaev, Janna Fattakhova, and Sergey Chepel. 2020. *Assessment of the Impact of COVID-19 on the Socio-Economic Situation in Uzbekistan: Income, Labour Market and Access to Social Protection.* ILO. September 2020.

► Pattison, Peter, and Roshan Sedhai. 2020. "COVID-19 Lockdown Turns Qatar's Largest Migrant Camp into 'Virtual Prison'". *The Guardian*, 20 March 2020.

► Ratha, Dilip, Supriyo De, Eung Ju Kim, Sonia Plaza, Ganesh Seshan, and Nadege Desiree Yameogo. 2020. "Phase II: COVID-19 Crisis through a Migration Lens", Migration and Development Brief No. 33. World Bank.

► Ratha, Dilip, Supriyo De, Eung Ju Kim, Sonia Plaza, and Ganesh Seshan. 2021. "Resilience: COVID-19 Crisis through a Migration Lens", Migration and Development Brief No. 34. World Bank.

► Schwettmann, Jürgen. 2020. "COVID-19 and the Informal Economy: Impact and Response Strategies in Sub-Saharan Africa". Friedrich-Ebert-Stiftung, August 2020.

► Tam, Stephanie, Shivani Sood, and Chris Johnston. 2020. "Impact of COVID-19 on Businesses Majority-Owned by Visible Minorities, Third Quarter of 2020". Statistics Canada, 25 November 2020.

► UN (United Nations). 2019. General Assembly resolution 74/2, Political declaration of the high-level meeting on universal health coverage: Universal health coverage – moving together to build a healthier world, A/RES/74/2.

► USP2030 Global Partnership (Global Partnership for Universal Social Protection to Achieve the Sustainable Development Goals). 2019. "Together to Achieve Universal Social Protection by 2030 (USP2030): A Call to Action".

► Wickramasekara, Piyasiri. 2011. "Circular Migration: A Triple Win or a Dead End?", Global Union Research Network Discussion Paper No. 15. ILO.

► World Bank. 2020. *Taking Stock and Looking Ahead: Côte d'Ivoire and the COVID-19 Pandemic.*

► ———. 2021. "Lebanon Emergency Crisis and COVID19 Response Social Safety Net Project (ESSN)", 12 January 2021.

第3章 对企业和工人的异质性影响

▶ 概述

新冠危机引发的供需冲击已经影响到所有经济体和劳动力市场,并波及绝大部分企业和工人。然而,影响的程度因企业和工人的特点而异,也因各国的收入水平和经济结构而异。企业活动或个人工作所处的行业是决定影响程度的一个关键因素(第3.1节)。不同类型的企业和工人之间也存在着相当大的差异(第3.2节和第3.3节)。图3.1提供了一个基本框架,有助于了解不同工人和企业从疫情之初到现在受到危机影响的各种方式。认识这些机制对制定应对政策很重要。①

---

① 该框架未考虑国家(地区)或收入群体的具体特征,但仍有助于理解疫情的经济和社会影响通过何种机制表现出来。但需要记住一点,正如第2章所述,不同机制的影响因地区和收入群体而异。

▶ 图3.1 新冠危机的影响途径

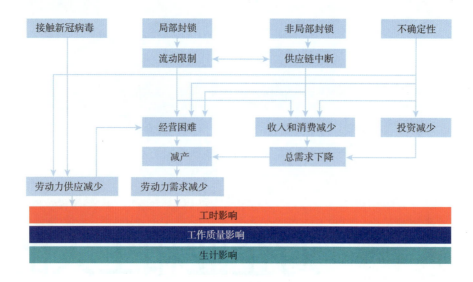

资料来源：国际劳工组织绘制。

新冠危机引发的一个突出后果是加剧了国家（地区）之间和国家（地区）内部业已存在的不平等，进一步扩大了世界各地劳动力市场的差距。这场危机表明，迫切需要向所有工人提供劳动和社会保护，也迫切需要维护国际劳工公约和建议书所规定的工作中的基本原则和权利。危机还促使人们重视社会对话在实现这些目标方面的关键作用。

新冠危机的第一个影响途径是直接接触病毒。截至2021年5月，已有1.5亿多人感染新冠病毒，其中300多万人死亡（WHO，n.d.）。虽然大多数感染者并未出现严重症状，但许多患者需要医疗护理，包括重症医疗护理，而且病毒还对一些患者产生了持续的影响。即使情况并不严重，政府也会为了遏制病毒传播而采取临时卫生限制措施，如人员隔离和中断本来需要在现场办公的人员的工作。此外，新冠肺炎疫情对必须在现场工作的一线及其他重要人员构成了重大挑战，他们通常面临着巨大的患

病风险（详见第3.3节）。

第二个影响途径是国家或地方采取的限制措施，尤其是关闭企业，这些措施影响了企业的业绩和劳动力供求，对全球供应链、国际贸易和外国直接投资产生了涟漪效应（ILO，2020a）。限制措施的高峰出现在2020年4月，当时全球70%以上的劳动力生活在除基本工作场所之外的其他工作场所都被关闭的地区。4月之后，许多地区在取消和恢复限制措施之间反复摇摆（ILO，2020b）。对工作活动的直接限制导致供应中断，商业不确定性上升，需求冲击进一步加大。[①]此外，危机造成多重衰退影响，降低了对各种消费品的需求，导致工厂工作岗位减少，这些问题在南方国家尤为突出。严重依赖出口加工的国家遭遇订单取消或不能付款的情况，特别是成衣行业，这导致供应公司收入降低、工作岗位减少，而处于供应链较低层的公司受到的影响尤为严重（Anner，2020）。幸运的是，商品贸易从2020年第三季度开始强

---

① 许多国家的学校和大学在疫情早期阶段就开始关闭，2020年4月影响了全球约84.5%的学生（UNESCO，n.d.），目前部分国家的学校仍处于关闭状态。这对许多成人参与劳动力市场的能力产生了影响，特别是有年幼子女的人，因为他们需要安排家庭教育和儿童保育。而这些责任带来的负担主要由女性承担。

劲反弹。此外，2020年上半年外国直接投资量下降了近50%（UNCTAD，2020），而且恢复速度变缓。

第三个影响途径是消费者行为变化，这体现在疫情期间购买的商品和服务类型上，也体现在消费者采用的购物方式上。居家措施增加了对互联网（包括数字平台）的依赖，人们通过互联网购买大多数基本商品（如食品和家庭用品），中等收入和高收入经济体尤其如此（ILO，2021a）。同时，人们在某些商品（如机械和车辆）和服务（特别是旅游和酒店）方面的支出大幅下降。

最后，日益上升的不确定性对劳动力市场产生了重大影响。在疫情发生后的最初几个月，不确定性主要来自病毒的传播（包括新冠肺炎的传染性和致命性），以及为遏制传播而采取的卫生限制措施的持续时间。2021年上半年，因为疫苗的可用性和使用率，以及可能降低疫苗效力的病毒新变种，产生了新的不确定性。不确定性会对经济产生影响，因为消费者倾向于推迟非必要的支出，而企业则会重新考虑其投资决定。这场危机突出表明，零库存（Just-in-time）生产和对世界偏远地区供应商的依赖会带来风险，因此，未来商业投资可能会改变方向，对目前仍然高度依赖出口导向型增长模式的经济体和工人产生重要影响。在个人层面，不确定性扰乱了人们的重要生活决策，比如求学、组建家庭、进入劳动力市场和换工作等。

▶ 3.1 对经济活动行业的影响

企业或工人所处的行业或许是决定他们受新冠危机影响程度的最大因素。有些行业遭受了毁灭性的就业损失，有些行业则受影响较小，甚至还出现了增长。有的行业因为自身的活动特点，需要企业和工人持续工作，此类行业的劳动者每天都面临着接触新冠病毒的风险。例如医疗行业和零售业等，这些行业的工作需要与公众进行交往互动。

据估算，全球范围内就业受危机影响最为严重的是住宿和餐饮服务业。国际劳工组织的预测表明，与无疫情情景相比，2020年该行业的就业下降了近13%（见图3.2）。危机前，该行业在总就业中的占比为4.1%，这一降幅意味着全球1800万人失业。住宿和餐饮业被视为旅游业的指标，2019年全球约1/10的工人与旅游业相关行业存在直接或间接的关系（ILO，2020c：1）。广义上的旅游业包括航空业、住宿和餐饮服务业，世界各地共有1000多万名工人在航空业工作（ILO，2020d：2），有1.44亿名工人在住宿和餐饮服务业工作。由于旅游企业以小型企业为主，旅游业工人面临着极大的风险。据估算，约有30%的旅游业从业人员在微型企业（即雇员人数为2~9人的企业）工作。另一个问题是，非正式工作发生率较高，一方面是因为该行业的工作具有季节性，另一方面是因为监管不足。这种问题在低收入和中等收入国家（地区）尤其突出。

批发和零售业也受到严重影响，危机导致该行业就业率下降5.1%（见图3.2）。2019年该行业的就业人员约占全球总就业人口的15%（仅次于农业的约27%）。在许多低收入和中等收入国家（地区），住宿和餐饮业、批发和零售业都是非正式就业的典型行业。由于危机，这两个行业的工时大幅减少，但其就业人数下降并不能反映出这种情况。其他市场服务业也出现了就业损失，比如金融业（-0.3%）和房地产、商业和行政服务业（-5.9%），但这两个行业的就业人员在危机前占总就业人口的比例较小（分别为1.6%和4.6%）。

▶ 图3.2　相对于无疫情情景和危机前的就业分布，2020年按行业划分的新冠危机对全球就业的影响

资料来源：国际劳工组织劳工统计数据库，国际劳工组织模拟估算，2021年4月。

新冠危机期间，制造业和建筑业的就业率显著下降，成为工业部门中首当其冲受到影响的行业。据估算，与无疫情情景相比，2020年制造业就业估计下降了7.3%，建筑业估计下降了8.8%。建筑业对经济周期很敏感。由于基本无法通过远程方式完成工作，疫情对建筑企业的影响非常严重，许多企业面临流动性不足和供应链中断的问题（ILO，2021b）。另外两个工业行业也出现了就业损失，但损失程度较小，分别是采矿和采石业（−3.2%）以及公用事业（−3.9%）；危机之前，这两个行业的就业人员在总就业中的占比（分别为0.6%和0.8%）低于制造业和建筑业。

由于世界各地采取疫情防控措施，制造业受到投入品供应中断的严重影响，2020年下半年恢复运转后，这种影响有所缓解。2020年6月，由于大多数国家（地区）关闭了除基本工作场所以外的所有工作场所，制造业企业的进口投入品供应平均中断了约35%。同期，约有2.55亿工人，即近70%的制造业从业者，处于高度或中度易受进口投入品供应中断影响的行业（ILO，2020e：8–9）。然而，2020年下半年，很多制造业行业恢复了有效运转，改善了供应链中断的状态。

建筑业的优势之一是政府可以通过投资公共基础设施以直接刺激需求，创造就业机会。这种方式既可以推动建筑业本身的发展，也可以吸纳从其他行业转移过来的工人，为其提供就业机会。建筑行业的工作具有多样性，因而可以吸纳其他有类似任务或技能要求的行业的工人，此外政府也可以据此确定最需要支持的领域（ILO，2021b）。这一点对于正在推动结构转型进程的国家（地区）尤为重要，因为这些进程可能包括大量基础设施投资。

消费需求下降影响了整个供应链，威胁到跨行业和跨国界的工作岗位。由于制成品的投入品来自其他国家（地区）和行业，包括农业和服务业，消费需求受到的冲击往往通过制成品供应链进一步扩散。根据国际劳工组织的估算，在全球制造业供应链中，近两亿个工作岗位受到消费需求减少的高度或中度不利影响。[①]由于制成品消费需求下降而被严重影响的工作岗位中，约有40%在服务业和农业部门（ILO，forthcoming a）。

据估算，农业在工作岗位减少总数方面受到的影响相对较小，表明农业在许多低收入和中等收入国家（地区）发挥了应急工作形式的作用。与无疫情情景相比，2020年农业的总就业仅下降了0.3%。降幅之所以很小，部分是因为从工业和服务业中失业的劳动力再分配到农业，部分是因为农业需要吸纳持续增长的人口，这也体现了农业所起的应急作用，尤其是在一些非洲国家（见第2章）。虽然农业领域的就业损失相对较低，但农业毕竟是平均工资低、非正式率高的行业，而受雇于农业的人通常都是以务农为生的小农。

当地的疫情防控措施导致某些企业活动陷入停顿，为确保遵守保持社交距离的规定，企业被强制要求暂停生产活动或减少服务。由于企业经营困难，产出减少，劳动力需求也随之减少（如图3.1所示）。此外，即使企业能够继续运营，当地防控措施也会影响消费模式，导致产出减少，进而导致劳动力需求减少。在这种情况下，企业只能让员工休假或裁员。政府支持有助于减轻对企业和工人的影响。收入支持，特别是工资补贴，是帮助企业留住工人的必要做法。此类政策也有助于稳定消费者收入，支撑危机期间对商品和服务的需求（ILO，2020f）。在亚洲，补贴信贷计划和贷款援助是帮助企业维持现金流和留住工人的关键措施（ILO，2020g）。

零售企业是受当地疫情防控措施冲击最为严重的一类企业，这些冲击给女性工作者带来严重影响。疫情防控措施对批发和零售业企业产生了直接的、负面的影响，对身处企业供应链中的工人也产生了连锁反应，不论这种供应链是在本国还是在其他国家。批发和零售业所受的疫情影响波及女性，由于女性在该行业中占比较高，因此受到了极其严重的影响（见第3.3.2节）。

相比之下，高收入和中等收入国家（地区）的食品零售和百货商店却出现了消费者需求上升的情况，相关行业对工人的需求也随之增加。之所以如此，是因为只能待在家里的人增加了对食物和其他必需品的需求，还因为诸如酒吧和餐馆等服务企业或关闭或减少了活动。食品零售企业招聘了更多仓库和店面员工，以满足日益增长的需求，其中在线交付需求的增长尤为迅速（见专栏3.1）（ILO，2020h）。

疫情防控措施极大地影响了文化和艺术行业，威胁到该领域企业的生存和工人的就业。文化和艺术行业受到的影响是长期的，因为艺术家、工作人员和观众之间很难保持身体距离，此外演出取消造成了收入损失（ILO，2020i）。许多国家（地区）禁止现场表演，即使允许进行表演，由于封闭和通风不良的空间可能带来风险，观众也很少。虽然疫苗接种有助于改善这一情况，增加观众人数，但尚不清楚将来预防措施的力度如何，也不清楚该行业将如何发展。文化行业工人有很大一部分属于临时就业，因此特别容易受到影响。

[①]　影响是利用2021年2月零售额、制造业各子行业平均工时增长以及封锁措施的严格程度等数据评估而得。更多信息，参见国际劳工组织即将出版的报告的附录1。

专栏3.1　新冠危机期间基于平台的服务

基于平台的服务在新冠肺炎疫情期间不断扩大，包括在线平台、基于网络的平台和基于地点的平台，如出行和快递平台。然而，这些平台提供的新工作类型并非总能给出体面的工作条件，而且还对劳工条例构成了挑战。

由于各地采取了防控措施，基于地点平台的使用量急剧上升，特别是专门配送食品和其他必需品的平台。这些平台有助于促进部分企业的持续运营，尤其是小型企业，有利于企业与消费者保持联系。

平台服务需求上升也为其他行业的失业者创造了新的就业机会。然而，国际劳工组织调查发现，有些地方由于通过平台提供服务的工人人数激增，劳动力供应增加，可能导致每个工人的工作量减少。此外，由于某些平台有允许工人自行设定费用的政策（主要是自由职业者平台），一些工人为了超过竞争对手而给出更低的报价，导致时薪更低。同样值得注意的是，平台服务需求并未出现全面增长：许多通过平台提供服务的工人，如出租车司机，实际上遭遇了需求和收入双双大幅下降的情况。

与此同时，许多基于平台提供服务的工人面临着重大的工作质量问题，包括工作与收入不正常流动、工作条件恶劣（可能引发职业安全与卫生风险）、缺乏社会保障，以及无法在工作中行使结社自由和集体谈判权等基本权利。

资料来源：ILO（2021a）。

▶ 3.2　对企业的影响

对于大部分劳动力市场而言，企业是危机影响的第一"层"。事实上，有偿带薪工人如何受到新冠危机的影响，在很大程度上取决于其雇主受影响的程度、雇主应对危机的可用资源，以及政府通过贷款和就业保留计划等措施向雇主提供的支持。企业所处的具体行业起着决定性的作用，但其他一些特征也很重要，尤其是公司的规模。

因行业内雇主和企业各具特点，经济活动行业所受的影响在不同企业中有不同的表现。 国际贸易中心（ITC）开展的一项新冠肺炎疫情业务影响调查发现，由女性领导的公司认为其业务运营更有可能受到疫情的强烈影响，这一占比高达63%，而由男性领导的公司的占比约为52%（ITC，2020）（见图3.3）。这种差异可能由多种因素造成，包括女企业主更有可能从事的行业（特别是零售业）、公司规模以及女企业主与男企业主在获得资本和信贷方面的差异。

中小企业受当地疫情防控措施的影响最大。 根据国际贸易中心2020年4月至6月在132个国家（地区）进行的新冠肺炎疫情业务影响调查，2/3的小微企业报告称其业务运营受到新冠危机严重影响，而报告受到严重影响的大公司的占比约为40%（ITC，2020）。如果业务长期中断，较小的企业不太可能有必要的财政资源来维持其生存。根据国际劳工组织对全世界45个国家（地区）的4520家企业开展的调查，近80%的微型企业和70%以上的小企业表示缺乏足够的资金来维持业务连续性（ILO，2020i：14）。图3.4表明，受访企业的规模越大，报告资金充足的比例也越高，但大企业比中型企业更有可能报告资金不足。

▶ 图3.3　2020年新冠危机对由女性与男性领导的公司的业务运营的影响程度

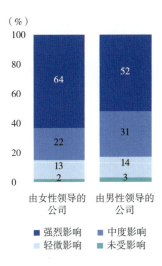

（%）

由女性领导的公司：64、22、13、2
由男性领导的公司：52、31、14、3

■ 强烈影响　■ 中度影响
■ 轻微影响　■ 未受影响

注： 调查的受访者被问及："你们的业务运营如何受到新冠肺炎疫情大流行的影响？"和"公司总经理的性别是什么？"这项调查覆盖了120个国家（地区）的2109家企业。答复率因国家和地区而异。为了控制行业构成，在行业一级计算占比，然后使用简单平均数汇总。关于样本的更多细节，可以在ITC（2020）中找到。

资料来源： ITC（2020）。

▶ 图3.4　2020年按企业规模划分的支撑业务连续性的资金充足情况

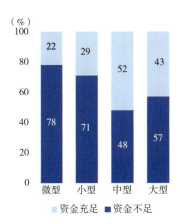

（%）

微型：78、22
小型：71、29
中型：48、52
大型：57、43

■ 资金充足　■ 资金不足

注： 企业被问及是否有足够的资金支撑业务连续性。
资料来源： 改编自国际劳工组织（2020i，14，figure 7，panel B）。

非正式部门企业面临着诸多挑战，却因不符合资格而难以获得政府支持。非正式企业面临的风险更大，根据国际贸易中心开展的新冠肺炎疫情业务影响调查，1/4的受访的非正式公司表示危机使其濒临破产（ITC，2020）。非正式公司因资格问题而不太可能获得与新冠肺炎疫情相关的政府支持和救济计划，也不太可能向其工人提供福利和支持。

企业投资被转用于个人防护设备和其他预防措施，妨碍了对资本设备或研发的投资，可能对未来的生产率增长产生负面影响。一项采用英国数据的研究指出，由于企业承担的中间成本增加，全要素生产率可能会降低（Bloom et al.，2020）。成本增加是因为需要购买个人防护设备，而且保持社会距离等措施也导致单位成本增加。同时，未来生产力可能会因研发支出减少而受到损害（Bloom et al.，2020）。虽然如此，某些行业的长期生产率却有可能提高，比如能够居家工作的行业，这些行业升级了信息技术系统以应对工作场所因疫情而出现的变化，但在升级之初，企业的成本会增加。

当地疫情防控措施实施后，小微企业继续运营的可能性最小，部分原因是调整业务模式（包括居家工作）存在困难。如前所述，小公司面临更多的金融限制，拥有更少的技术和数字资源，因此它们应对业务中断的能力也更差。根据国际劳工组织2020年第二季度对45个国家（地区）4500多家企业开展的一项调查，大型和中型企业能够继续充分运营的可能性更大（分别占相应规模类受访企业的44%）；相比之下，小微企业的占比则分别为35%和30%（见图3.5）。值得注意的是，调查发现38%的微型企业和21%的小企业完全没有营业，仅部分营业的微型和小型企业的占比分别为32%和44%（ILO，2020i：5）。决定公司能否充分运营的一个因素是其工人能否居家工作（见专栏3.3）。在受访企业中，员工居家工作比例最高的是中型企业和大型企业，分别为20%和18%，比例最低的是微型企业（13%）。

▶ 图3.5　2020年新冠危机期间按企业规模划分的企业运营状态

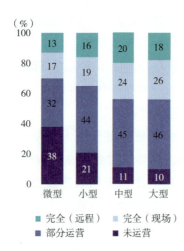

注：调查的问题是："您的企业目前正在运营吗？"

资料来源：改编自国际劳工组织（2020i，5，figure 1，panel B）。

由于当地疫情防控措施的实施，新的工作安排可能还需要维持一段时间，这意味着需要调整治理机制来保护和支持企业与工人。虽然随着疫苗和其他预防措施的推出，新冠病毒的传播速度会减缓，从而有助于经济和劳动力市场复苏，但某些与工作有关的调整模式可能会持续更长时间，比如远程工作安排（ILO，2020j）。各国政府和社会伙伴需要共同努力，制定法律、条例和指南，以便在新的工作安排下保护和支持工人与企业。

▶ 3.3　对工人的影响

本报告强调新冠危机如何对劳动力市场上的不同群体产生不同的影响，这些影响与图3.1概述的各种影响渠道有关，也与国家和地区的收入水平（见第1章）、劳动力市场的具体特征（特别是非正式程度）以及政府采取的应对措施和现有社会保障体系（见第2章）有关。本节阐述了工人如何因为其工作性质、职业和其他特点而受到不同影响。

3.3.1　职业和技能水平

从行业数据可以看出，服务和销售职业类工人受到严重影响，就业率下降了6%，相当于损失了3600万个工作岗位。2019年，大约17%的工人从事服务和销售业，这意味着该职业群体人数减少将导致就业人口大幅下降。事实上，相比无疫情情景，该群体占了2020年所有预估失业人口的近1/4。手工业和相关行业工人的就业率预计下降了6.2%。此外就业率出现下降的职业还有文书支持人员（–6.7%）、工厂和机器操作员及装配工（–3.7%）（见图3.6）。技能熟练的农林渔业工人和基本职业从业者的就业率估计下降了3.5%，小于其他类别职业的降幅，但该群体就业规模庞大，与无疫情情景相比，其失业人数占就业减少总量的近1/3。①

医护人员极有可能感染新冠肺炎及其引发的更为严重的疾病。包括医生、护士、护理人员和家庭健康护理者在内的医护人员由于工作

① 熟练农林业工人与初级职业属于同一组，因为数据有限，并不总是能够区分非熟练农业工人（初级职业）和熟练农业工人。这两个亚组之间的差异在高收入国家（地区）最为明显，但也应注意，这些国家（地区）从事农业职业的工人人数最少。因此，为本报告之目的，将熟练农业工人与初级职业合在一起考虑。

▶ 图3.6 相对于无疫情情景和危机前的就业分布，2020年按职业类别划分的新冠危机对全球就业的影响

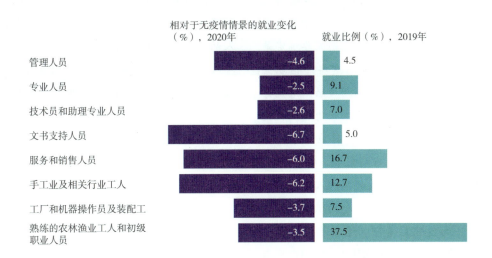

资料来源：国际劳工组织劳工统计数据库，国际劳工组织模拟估算，2021年4月。

需要而与他人保持近距离接触，往往更容易在日常工作中接触传染病和其他疾病病毒（见专栏3.2）。此类工人分为几个职业类别，既有基本职业人员，也有技术员和专业人员。医护人员是容易感染病毒的群体之一，尤其因为他们的工作属于基本服务，在其他经济行业从业者因疫情防控措施而关闭时，他们还需要继续工作。也有一些证据表明，医护人员有罹患严重新冠肺炎的风险。例如，一项基于英国数据的研究发现，医护人员接触严重病例的可能性是其他工作人员的七倍（Mutambudzi et al.，202）。相关支持人员也有因接触传染源而被感染的风险，包括洗衣工、清洁工和从事医疗废物处置的工作人员（ILO，2020K）。

公共紧急服务人员经常与病毒携带者有近距离身体接触，因此接触病毒率较高。公共紧急服务人员大多是公共部门的工作人员，履行应对新冠危机的一线职责；在法律文书中，公共服务通常被称为"基本服务"（ILO，2020l）。这类工作人员包括警察、消防员和其他应急单位人员。警察面临着特别大的风险，因为他们需要在现场采取人员流动限制措施，有时还要与不执行限制措施的公众对峙。公共卫生服务人员也可能通过受污染的材料接触到病毒，特别是在个人防护装备短缺的地区（ILO，2020L）。

一线和其他基本工作人员上下班有赖于客运系统的运行，然而客运系统的使用者和操作人员都面临着更高的风险。由于票价收入大幅减少（一些国家和地区实行乘客人数配额制），清洁和消毒费用上升，城市客运受到严重影响。许多国家和地区已采取措施保护司机和其他工作人员。但是，某些地区的城市客运系统在很大程度上依赖非正式工人。在新冠肺炎预防措施的要求下，这些工人不能减少服务，但却可能无法获得个人防护装备，尤其是出租车和网约车司机（ILO，2020m）。一些基于地点的平台，包括诸如快递之类的基于运输的平台服务，采取具体措施来减轻工人的职业安全与卫生风险，比如提供安全培训和个人防护装备。尽管如此，在一项针对基于地点的平台提供服务的工人的调查中，大约一半的受访者表示他们获得的个人防护装备数量不足和/或质量不高，80%的受访者因必须自己购买个人防护装备而产生了额外费用（ILO，2021a：25）。

专栏3.2　不同类别职业接触新冠病毒的可能性

可以用一定的标准来确定工人接触新冠病毒的程度，例如身体接近或人际互动是否为工作的一部分，如果答案为是，则需要确定是否与他人有经常性接触。采用这些评估职业的标准，就可根据职业类别判断接触新冠病毒的程度。许多研究人员使用原本只为美国收集职业信息的O*NET数据库，将其应用于其他国家（地区）的劳动力市场数据。O*NET所确立的工作特点可能更能反映高收入国家（地区）而非中低收入国家（地区）的现实，但是O*NET方法的各种变体可以适用于包括菲律宾在内的中等收入国家（地区）。图3.B2显示了菲律宾特定类别工人接触新冠病毒的风险。

图中的数据显示，医疗行业内的职业接触新冠病毒的可能性最大，但该行业不同职业工人的收入对其脆弱性也有一定的影响。例如，个人护理人员和健康专业人员都被认为处于高风险（尽管程度不同），但卫生专业人员享有更好的工作条件（收入较高）。另外，清洁工和帮工也被认为处于高风险，但他们的收入相对较低，获得福利的机会也更有限。此外，许多此类工人属于转包工人，往往不受工会保护，其谈判能力因此被削弱，即很难通过谈判获得更好的、有助于降低病毒接触风险的防护措施。

▶ **图3.B2　菲律宾接触新冠病毒的职业及此类职业的平均收入**

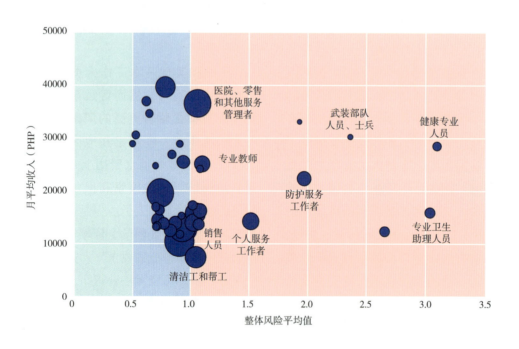

注：低风险用浅绿色阴影表示，中风险用蓝色表示，高风险用浅红色表示。圆圈的大小与根据2018年劳动力调查数据确定的菲律宾各类职业的就业人数成正比。"PHP"表示菲律宾比索。
资料来源：菲律宾大学新冠肺炎疫情应对小组（n.d.）。

虚拟学习有助于维持教育行业的运转，让教育行业的工人得以继续工作，但其代价是扩大了不平等。居家工作能力是决定特定行业内各类职业对当地疫情防控措施适应能力的关键因素（见专栏3.3）。在全国的学校都处于关闭状态的情况下，不少国家的教育系统开始部署

专栏3.3 居家工作产生的更为广泛的影响

新冠肺炎疫情期间,居家工作的程度对就业保留产生了影响,同时也影响着经济韧性。在危机爆发之前,估计全球有8%的工人长期居家工作(ILO,2020a:2)。这些工人中既有"远程工人"(即以远程方式开展工作的人),也有工业外包工人、自营企业主和工匠。危机开始之后,远程工作者的数量呈指数级增长。丁格尔和内曼(Dingel and Neiman,2020)的几项研究考察了这一现象,研究了哪些工作可以在家完成。

国际劳工组织也开展了类似研究,根据与居家工作可行性有关的标准对职业进行了分类。研究发现,技能较高、因此收入也较高的工人更有可能从事可以居家工作的职业,这意味着新冠危机实际上可能加剧了国家(地区)内部的不平等(ILO,2020a:2)。与此同时,并非所有国家(地区)都拥有让工人能够居家工作的基础设施,比如获取信息和通信技术的渠道。技术具有技能偏向性,这对国家(地区)间的不平等以及国家(地区)内部的不平等都有重大影响。技术补充了高技能者的技能,让他们可以继续工作,而中低技能工人的

工作则受到更大干扰。

最近基于劳动力调查数据的估算表明,在2020年第二季度,世界就业人口中约有17%居家工作,相当于约5.6亿人(ILO,2021d:11)。居家工作工人的比例因国家(地区)的收入水平而异。虽然不能获得2020年第二季度所有收入组别国家(地区)的数据,但可以估算出不同收入组别国家(地区)居家工作的可能性,其中高收入国家(地区)可能有27%的劳动力居家工作,中等收入国家(地区)有17%,低收入国家(地区)有13%(ILO,2021d:11)。

虽然居家工作有助于保留就业机会,但在体面工作方面存在诸多挑战。有薪工作和无薪照料工作之间的界限可能会变得模糊,而且无薪工作(包括家庭教育)的责任大多落在女性身上。此外,实际工作场所的人际往来是社会凝聚力和稳定性的一部分,其功能是数字工作场所无法复制的。国际劳工组织1996年《家庭工作公约》(第177号)为改善居家工作人群的状况提供了指导,包括持续居家工作的远程工人。

远程学习,包括使用视频会议和虚拟学习平台进行学习(ILO,2020i)。然而,虚拟学习将导致国家内部(特别是农村和边缘化社区)以及国家之间出现持续的教育不平等问题,鉴于发展中国家(地区)获得技术和可靠互联网连接的机会比较有限,国家(地区)间的教育不平等将尤为突出(ILO,2020i)。转向虚拟学习可能会促使许多学校加速采用相关技术,但有很大一部分家庭无法承受计算机和相关技术带来的成本。根据非洲银行(2021)的数据,新冠危机已经导致非洲数百万儿童失去了半年的学习时间,这种情况对穷人产生了非常不利的影响。学习中断可能导致童工现象增加,如果在儿童学习中断期间其家庭遭受重大收入损失,童工

现象可能进一步加剧(ILO,2020n;BHRRC,2020)。学习中断还影响成年工人,培训机构被迫关闭,基于工作的学习、专业发展和其他类型的教育也随之中断,这给人们的能力提升带来非常不利的影响。此外,旨在减少成年工人学习损失的数字和远程学习解决方案使高收入国家(地区)和人群受益匪浅。在这种情况下,数字鸿沟加剧了现有的不平等(ILO,2021c)。

高技能工人在新冠危机期间遭受的就业损失相对较小,从侧面说明了高技能工人的居家工作能力更强。图3.6显示,2020年所有职业群体的就业均受到负面冲击,然而有两类高技能群体("专业人员"和"技术员和助理专业人员")受到的影响最小(另见图3.7)。2019年,

▶ 图3.7 相对于无疫情情景和危机前的就业分布，2020年按职业技能水平划分的新冠危机对全球就业的影响

资料来源：国际劳工组织劳工统计数据库，国际劳工组织模拟估算，2021年4月。

这些高技能工人与"管理人员"在全球所有职业类别中的就业占比最低，合计为20.6%，但是与无疫情情景相比，该群体的就业下降幅度最小，仅为3%。相比其他群体，此类工人能够在新冠危机的不同阶段更好地继续工作（见专栏3.3），不容易受到包括封锁在内的当地防控措施的影响。

自危机开始，可开展远程工作的职业所受的就业损失就较小，这种差异效应在各行业都存在（ILO，2021d；Dey et al.，2020）。具体而言，在疫情期间，相比"蓝领"工人（生产、建筑或制造业的中等技能职业）与手工活动和人际互动类的低技能服务职业工人，技能较高的"白领"工人（管理人员、专业人员和技术人员）居家工作的可能性更高。由于可以在新冠危机期间进行远程工作，相比中低技能工人，高技能工人的就业损失更小，远程工作是技术变革对拥有不同职业技能含量工人产生不同影响的又一个渠道（例如，见Autor，Levy and Murnane，2003；Goos，Manning and Salomons，2014）。在条件允许的职业中，远程工作将被广泛采用，这就提出了一个问题：随着企业和工人都习惯了这种工作安排，这种趋势是否会在疫情之后持续下去（Dey et al.，2020）。不论如何，居家工作确实会带来一些影响，尤其是对女性而言（见专栏3.3）。

3.3.2 女性和男性

服务业占据了净就业损失的大部分，男性和女性都受到严重影响，**但是由于女性在服务业中的占比更高，受到的影响也相对更大。**在危机之前，大约45%的男性工人和60%的女性工人受雇于服务业。服务业包括市场服务（如批发和零售业）和非市场服务（公共行政、社区、社会及其他服务和活动），该行业对男性和女性就业变化的影响分别为53%和67%（见图3.8）。然而，服务业内部存在差异，市场服务的失业情况较为严重，而非市场服务的失业风险相对较小（ILO，2020o）。

除了某些高技能职业外，在大多数职业类别中，女性占总就业影响的比例要高于男性。

▶ 图3.8 相对于无疫情情景，2020年按性别和广义经济行业划分的新冠危机对全球就业的影响

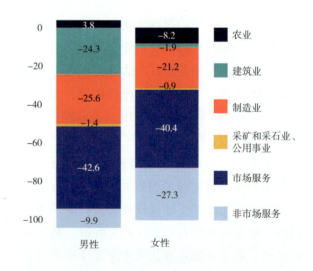

资料来源：国际劳工组织劳工统计数据库，国际劳工组织模拟估算，2021年4月。

如图3.9所示，几乎所有职业类别的女性都受到了严重影响，尤其是在服务和销售领域，尽管女性在该类职业工作岗位中的占比为50%多一点，但其在该类职业失业人数中的占比却接近62%。在手工业和相关行业工人中，尽管女性只占该职业群体所有就业人数的1/4，但其在失业人数中的占比却达到1/3。在专业人员职业类别中，尤其是在技术员和助理专业人员群体中，女性的表现要好于男性。

女性比男性更有可能接触新冠病毒，因为女性在医疗行业中的占比更高。医疗行业工作人员中的大多数是女性，其中女性医疗助理专业人员的占比在75%以上，女性医疗专业人员的占比接近70%（见图3.10）。具体比例因职业而异，女性更有可能从事护士、助产士和社区卫生工作，男性则更有可能从事收入较高的职业，如医生、牙医和药剂师（UN，2020）。卫生设施服务工作人员中的大多数也是女性，如清洁、洗衣和餐饮服务，这进一步说明医疗行业中女性接触病毒的风险更高（UN，2020）。

绝大多数个人护理人员为女性，这些女性在日常工作中接触病毒的概率更大。据估算，大约九成的个人护理人员是女性。[①]护理工作人员队伍涉及的范围十分广泛，既有取得资格的护士，也有未接受过任何正式护理培训的工作人员。这些工作人员为病人、老年人、康复人员和残疾人提供基本医疗服务、个人护理以及行动能力和日常生活方面的帮助（ILO，2012：254）。护理服务在疫情期间发挥着至关重要的作用，但许多提供家庭或机构护理的工作人员最初并未被确定为一线工作人员，因此初期的应对政策并未将此类工人纳入考虑范围，导致他们无法获得个人防护装备和相关的检测（ILO，2020q）。女性通常还在自己的家庭和社区中承担着非正式和无偿自愿照料工作的责任（见专栏3.4）（ILO，2019）。

▶ **图3.9 2019年按职业类别划分的女性就业比例以及相对于无疫情情景2020年女性占净就业损失的比例**

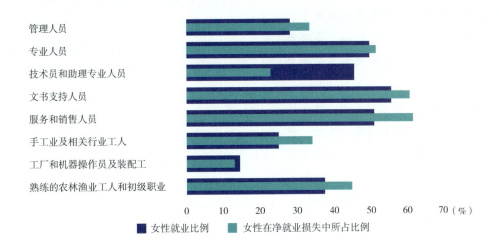

注：净就业损失是根据2020年无疫情情景估算得来。本图显示了不包括美国在内的全球估算值，因为在2020年劳动力调查中应用了2018年修订版的标准职业分类体系，导致美国数据出现结构性断裂。

资料来源：国际劳工组织劳工统计数据库，国际劳工组织模拟估算，2021年4月。

---

① 基于121个国家（地区）的数据，不包括中国和印度。参见ILO（2020p）。

▶ **图3.10 部分职业的男女就业比例**

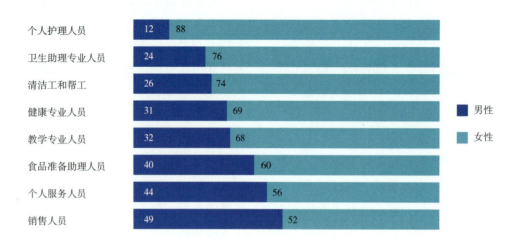

个人护理人员　12 / 88
卫生助理专业人员　24 / 76
清洁工和帮工　26 / 74
健康专业人员　31 / 69
教学专业人员　32 / 68
食品准备助理人员　40 / 60
个人服务人员　44 / 56
销售人员　49 / 52

■ 男性
■ 女性

注：这些数据针对的是2008年国际标准职业分类（ISCO 08）中两位数编码的职业。

资料来源：ILO（2020p）。

专栏3.4　新冠危机期间学校和儿童保育机构关闭所产生的性别影响

在正常情况下，女性已经承担了无报酬照料工作的责任，新冠危机加重了她们承担此类工作的负担。学校和儿童保育机构有利于就业，可以让家长参与劳动力市场，对女性而言尤其如此（Appelbaum，2020）。这些机构在疫情期间关闭，使女性参与劳动力市场变得更加困难。例如，新冠危机导致加拿大有6岁以下儿童的单亲妈妈的工作时间减少了28%（LMIC，2021）。这种急剧转变导致性别平等进展出现倒退，女性重新担负起传统性别角色分工下的工作（见Allmendinger，2020）。

3.3.3　就业身份

从新冠危机对工人个人的冲击来看，就业身份对工人有重大影响。全球总体数据表明，受雇职员在失业中的占比极高，该群体只占危机前总就业人口的55%左右，但预估占到危机对就业总体影响的75%以上（见图3.11）。相比之下，自营职业者和无报酬家庭帮工因为缺乏替代性收入来源和无法获得社会保障，在危机期间必须继续工作的可能性更大。此类工人中有很多为了生存而必须工作，为渡过危机，他们除了坚持下去，别无选择（ILO，2020r）。

以灵活形式就业的人员受到了严重冲击，比如临时工和散工。此类工人是另一个特别容易受到危机影响的群体，包括临时工和广义上的非标准就业形式的工人，即工作安排为非全职、非双方固定或不定期的工人（如临时工、兼职工、季节性或随叫随到的工人，或临时派遣工）。新冠危机期间，临时工和兼职工的就业损失大于有定期合同的受雇职员（Soares and Berg，即将出版）。此类工人的工作安排性质意味着他们通常很难获得失业和疾病福利等社会保障。

▶ 图3.11 相对于无疫情情景和危机前的就业分布，按就业身份划分的2020年新冠危机对全球就业的影响

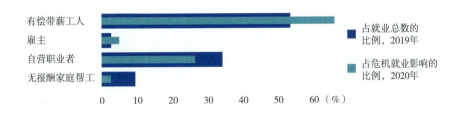

注：危机就业影响是指相对于2020年无疫情情景的估计就业水平。

资料来源：国际劳工组织劳工统计数据库，国际劳工组织模拟估算，2021年4月。

有迹象表明，自营职业可能正在吸纳失去工作的员工。 2020年，受雇职员在总就业人口中的占比有所下降，自营职业者的占比则略有上升，而前几年该比例呈下降趋势。有可用数据的中等收入国家（地区）的季度数据（见图3.12）显示，2020年第二季度受雇职员的失业人数更多，而在第三季度出现的部分就业复苏中，自营职业偏多。这表明自营职业对失去工作且没有足够收入来源的工人起到了缓冲作用。在这种形势下提供的通常是生产率和报酬都比较低的工作，所得无法弥补收入损失。这一发现具有两个重要的政策意义。首先，必须刺激投资以助推经济活动，鼓励企业重新开始招聘，使部分工人能恢复原来的工作或获得其他有偿带薪就业机会。其次，应积极建设、加强和逐步扩大社会保障体系，包括社会保障最低标准，落实2012年《关于国家社会保护底线的建议书》（第202号）。实施最低标准将减轻工人迫不得已转向非正式自营职业的压力，同时确保非正式就业人员在危机期间也能受益于收入支持政策。

▶ 图3.12 2020年第二、三季度按性别划分的部分中等收入国家（地区）的受雇职员和自营职业者的平均就业增长率

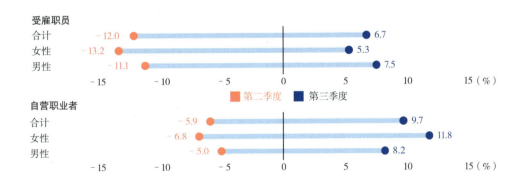

注：该图显示的是有可用数据的21个中等收入国家和地区（阿根廷、巴西、保加利亚、哥伦比亚、哥斯达黎加、厄瓜多尔、格鲁吉亚、印度尼西亚、墨西哥、黑山、北马其顿、巴勒斯坦被占领土、巴拉圭、秘鲁、摩尔多瓦、圣卢西亚、塞尔维亚、南非、泰国、土耳其、越南）2020年第二季度（蓝色）和第三季度（红色）受雇职员和自营职业者就业增长的未加权平均数。

资料来源：国际劳工组织统一微观数据库。

非正式有偿带薪工人包括非正式就业工人和非正式部门的正式就业工人，该类工人受到的危机影响非常严重。虽然非正式有偿带薪工人一般属于劳动和社会保障相关法律的覆盖范围，但在实际操作中，这些法律很少被执行。这意味着许多此类工人不能享有与雇佣关系相关的基本工人权利和保护，不能行使集体谈判权利；最低工资通常也不适用于他们；可能要做无报酬的加班工作；从事的工作可能存在重大的职业安全与健康风险。在目前的危机中，这些工人面临的最大问题是无法获得疾病福利和失业保险：非正式工人即使因新冠病毒致病或失业，也不能获得收入支持。

自营职业者和无报酬家庭帮工这两类非正式工人也缺乏社会保障，因而极易受到危机带来的健康与经济影响。全球劳动力中约有34%是自营职业者，约有10%是家庭工人（见图3.11）。[①]大多数非正式自营职业者的收入很低，而无报酬家庭帮工通常没有收入。这两类非正式工人由于没有雇佣关系而不受劳动法保护，非正式身份意味着他们也无法从社会保障中获益。因此，如果因为新冠危机而患病或出现收入损失，他们也无法获得保障。此外，许多非正式工人在拥挤的环境（如街头市场）和社区工作，遵守保持社交距离的规定比较困难。

应关注以国际劳工标准为基础的相关政策考虑。首先，根据国际工作场所卫生和安全指南，包括1981年《职业安全和卫生及工作环境公约》（第155号）及其建议书（第164号），尽最大努力保护不得不接触新冠病毒的工人。决策者还应高度重视2017年《关于面向和平与复原力的就业和体面劳动建议书》（第205号），因为该建议书讨论了类似于当前危机造成的灾难情况，为政府、雇员和工人提供了如何预防这些情况以及如何从中恢复的详细指导。2015年《关于从非正式经济向正式经济转型建议书》

（第204号）也对当前形势具有极大的参考性，因为这场危机加剧了非正式工人长期面对的不平等状况。

3.3.4　移民工人

某些特定劳动力市场群体也受到了新冠危机的影响，但受影响的方式不同于其他群体。移民工人尤其值得关注，因为他们从事的职业、所处的行业和所在的地点范围很广。新冠肺炎疫情不仅对移民工人本人，而且对其目的地国和原籍国都产生了影响。因此，本节将详细讨论这些问题，但这种讨论并不意味着其他工人群体未受到危机的严重影响。

新冠肺炎疫情防控措施给移民工人带来严重影响，原因是许多移民工人处于劣势地位。例如，一项以欧盟为重点的研究发现，移民工人更有可能从事临时工作、获得更低报酬和从事不太适合居家办公的工作，所有这些特征都与其较为不利的处境有关（Fasani and Mazza，2020）。在世界上的其他一些地方，特别是在低收入和中等收入国家（地区），移民工人通常可能在非正式部门工作（ILO，forthcoming b；ILO 2020s），如果他们有获得社会保障、储蓄和应急措施的机会，哪怕机会很有限，也能帮助他们在失业期间维持生活。在对东盟地区移民工人的一项调查中，1/3的受访者表示未从雇主那里获得足够的个人防护装备，97%的受访的失业移民工人表示未获得任何社会保障（ILO，2020t）。同时，海合会成员国的许多移民工人集中在建筑业、农业和家政等低技能职业（见专栏3.5）。由于工作性质要求，这些工人只能在疫情期间继续工作，因而面临更大的感染和传播病毒的风险。在东非和非洲之角地区，随着疫情防控措施的实施，移民工人谋生受阻，只能勉强支付房租和生活费（ILO，forthcoming b）。

---

① 　另请参阅WESO Data Finder：www.ilo.org/wesodata。可以根据就业身份和其他特点直观地获得就业数据。

专栏3.5 家政人员和海员

　　新冠危机也以某些方式影响家政人员和海员。对许多家政人员来说，疫情对他们的就业影响体现为工作停止和工时减少。由于约76%的家政人员属于非正式就业，新冠危机对此类工人的负面影响就更为明显，因为许多家政人员不符合享受社会保障或失业福利所需的资格。住家的家政人员通常为移民工人，由于其工作性质是在私人家庭中服务，新冠肺炎疫情加大了他们面临的挑战。因为不能离开雇主的房子，这些工人的工时更长。雇主不支付工资以及侨汇服务关闭也对此类工人的家庭造成了影响。此外，没有正规身份的移民家政人员也很可能被排除在新冠肺炎检测或医疗服务之外，一方面是因为担心在所在国当局登记后会被拘留或驱逐出境，另一方面是因为他们实际上可能并未被劳动法承认为工人（ILO，2020s）。

　　本报告在不同部分阐述了新冠危机对制造业的影响，尤其是对全球供应链和跨境贸易的破坏性影响。这里需要指出的是，大约90%的商品贸易经由海上运输。根据2006年《海事劳工公约》的定义，"海员"一词系指"在本公约所适用的船舶上以任何职务受雇或从业或工作的任何人员"。据估算，全世界共有150万名海员（ILO，n.d.），新冠肺炎疫情给这些工人带来了特殊挑战，例如，他们因在海上的时间被延长，有的已严重超过其最初确定的服务期限，而且还无法获得岸上假期或医疗服务。与此同时，陆上有大量海员等待入船履约。针对这种情况，国际劳工局理事机构采取特殊行动通过了一项决议，以解被困海员所面临的问题。①

①《关于海事劳工与新冠肺炎大流行的决议》，GB.340/Resolution（Rev.2），2020年12月8日通过。

▶ **图3.B5 新冠危机早期阶段受影响的全球家政人员的比例**

　　注：国际劳工组织根据占全球就业91%的137个国家（地区）的国家（地区）劳动力调查或类似家庭调查计算而得。以千人表示的绝对数字推算到2020年。"受到严重影响"是指工时减少、收入降低和失业。

　　资料来源：ILO（2020u）。

　　自愿或被迫回国的移民工人往往面临就业和谋生机会缺乏的问题。考虑到此类工人移徙别国本来就是为了寻找机会，当前的情况就更加令人痛心。一些目的地国采取大规模驱逐出境的措施，恶化了移民工人的不利处境，给原籍国带来巨大挑战，原籍国不得不设立接收中心，提供医疗检查并采取其他措施，以便安全地接纳回国的移徙人员。一些低收入国家（地区）存在检疫设施有限和资源不足的问题，未必能制定适当的政策来确保回国的移徙人员安全入境。此外，移徙人员离开目的地国时通常并未得到其应得的全部或部分工资及福利。但在大多数情况下，他们无法诉诸补偿机制。

季节性劳动力的移徙渠道也受到冲击，影响季节性移民工人的生计及其雇主的业务运营。例如，在苏丹—埃塞俄比亚走廊，估计每年有40万埃塞俄比亚海上移民工人前往苏丹加达里夫从事农业工作（ILO, forthcoming b）。由于边境关闭，这些工人失去了收入来源。非正规的人员跨境流动增多，破坏了疫情防控措施，工人也因其非正规身份而陷入更为不利的处境。此外，苏丹的许多农民被迫做出调整，寻求其他耕种和收获作物的方式，比如减少耕种面积，采用机械化的方式。这种趋势可能会减少以后几年对移民劳动力的需求。调查还发现，由于缺少可用的移民工人，当地工人的工作时间变得更长（ILO, forthcoming b）。

边境关闭导致移民工人更易面临偷渡方面的风险，包括人贩子的剥削和非正规移民身份。边境关闭给移民工人带来了很多复杂的问题。如果被困在前往本国或目的地国的路上，通常无法找到能维持生活的工作。在收入大量损失的情况下，移民工人只能依靠当地机构的援助勉强度日。由于生活状况不稳定，一些移民工人为了返回家园而向走私者求助（Mbiyozo, 2020），之后被迫选择危险的路线，并受到人贩子的剥削（David, Bryant and Joudo Larsen, 2019）。此外，许多移民工人由于签证和工作许可证到期，只能以非正规身份逾期滞留（ILO, forthcoming b）。非正规身份移民工人受到解雇、工作条件恶劣和缺乏社会保障的严重影响。所幸部分国家已经推出了自动延长签证和许可证的手续，以避免出现这种情况（David, Bryant and Joudo Larsen, 2019）。

移民工人返回本国后面临被污名化和骚扰的问题。据报道，许多国家的移民工人返回本国后遭受了骚扰和虐待，因为当地人担心他们在社区内传播病毒。东非和非洲之角地区也报告了关于移民工人在回国沿途被骚扰和虐待的情况。这种情况导致移民工人获得医疗的机会减少，并被困在回家的路上（Yee and Negeri, 2020）。不过，大多数国家的官方政策已调整为不加区别地向非正规和正规移民工人以及国民提供医疗服务（ILO, forthcoming b）。包括韩国在内的几个国家在医疗服务提供者和移民执法当局之间建立了"防火墙"，以确保非正规身份移民工人在获得新冠肺炎治疗的同时，不会有被暴露、拘留或驱逐的风险。此外，归国的移民工人在抵达原籍国时可能会面对污名化和骚扰的问题，因为他们被视为潜在的疾病传播者，还有很多人为空手归而感到羞耻。

由于新冠危机所产生的经济影响，有的移民工人只能返回其原籍国，有的则无法出国工作，低收入国家（地区）的侨汇流入量将相应下降。因此，不管是移民工人的家庭，还是其原籍国的整体经济，都将失去一个重要的支持来源。据估算，流向非洲的侨汇已经从2019年的858亿美元下降到2020年的783亿美元（AfDB, 2021：19；另见第2章）。

参考文献 ◀

▶ AfDB（African Development Bank）. 2021. *African Economic Outlook 2021：From Debt Resolution to Growth - The Road Ahead for Africa*.

▶ Allmendinger，Jutta. 2020. Life Course Trajectories in Times of COVID-19：A First Assessment. 28 September 2020. https：//www.youtube.com/watch?v=MrzFyiBMwUU.

▶ Anner，Mark. 2020. "Abandoned? The Impact of COVID-19 on Workers and Businesses at the Bottom of Global Garment Supply Chains". Pennsylvania State University，Center for Global Workers' Rights，27 March 2020.

▶ Appelbaum，Eileen. 2020. "Early Care and Education：Necessary Infrastructure for Economic Recovery". *Intereconomics* 55（4）：271-272.

▶ Autor，David H.，Frank Levy，and Richard J. Murnane. 2003. "The Skill Content of Recent Technological Change：An Empirical Exploration". *The Quarterly Journal of Economics* 118（4）：1279-1333.

▶ BHRRC（Business and Human Rights Resource Centre）. 2020. "Africa：Millions of African Children at Higher Risk of Child Labour due to COVID-19"，17 June 2020.

▶ Bloom，Nicholas，Philip Bunn，Paul Mizen，Pawel Smietanka，and Gregory Thwaites. 2020. "The Impact of Covid-19 on Productivity". National Bureau of Economic Research Working Paper No. 28233.

▶ David，Fiona，Katharine Bryant，and Jacqueline Joudo Larsen. 2019. *Migrants and Their Vulnerability to Human Trafficking，Modern Slavery and Forced Labour*. International Organization for Migration.

▶ Dey，Matthew，Harley Frazis，Mark A. Loewenstein，and Hugette Sun. 2020. "Ability to Work from Home：Evidence from Two Surveys and Implications for the Labor Market in the COVID-19 Pandemic". *Monthly Labor Review*，June 2020.

▶ Dingel，Jonathan I.，and Brent Neiman. 2020. "How Many Jobs Can Be Done at Home?". National Bureau of Economic Research Working Paper No. 26948.

▶ Fasani，Francesco，and Jacopo Mazza. 2020. *A Vulnerable Workforce：Migrant Workers in the COVID-19 Pandemic*. Luxembourg：Publications Office of the European Union.

▶ Goos，Maarten，Alan Manning，and Anna Salomons. "Explaining Job Polarization：Routine-Biased Technological Change and Offshoring". *American Economic Review* 104（8）：2509-2526.

▶ ILO. 2012. *International Standard Classification of Occupations（ISCO08）*，Vol. 1：

Structure，*Group Definitions and Correspondence Tables.*

▶———. 2019. *A Quantum Leap for Gender Equality：For a Better Future of Work for All.*

▶———. 2020a. "Working from Home：Estimating the Worldwide Potential"，ILO Policy Brief，April 2020.

▶———. 2020b. "ILO Monitor：COVID-19 and the World of Work. Sixth Edition"，23 September 2020.

▶———. 2020c. "The Impact of COVID-19 on the Tourism Sector"，ILO Sectoral Brief，May 2020.

▶———. 2020d. "COVID-19 and Civil Aviation"，ILO Sectoral Brief，9 April 2020.

▶———. 2020e. "COVID19 and Global Supply Chains：How the Jobs Crisis Propagates across Borders"，ILO Policy Brief，June 2020.

▶———. 2020f. "Delivering Income and Employment Support in Times of COVID-19：Integrating Cash Transfers with Active Labour Market Policies"，ILO Policy Brief，June 2020.

▶———. 2020g. *Asia-Pacific Employment and Social Outlook 2020：Navigating the Crisis towards a Human-Centred Future of Work.*

▶———. 2020h. "COVID-19 and Food Retail"，ILO Sectoral Brief，June 2020.

▶———. 2020i. *A Global Survey of Enterprises：Managing the Business Disruptions of COVID19：Second Quarter 2020 Situational Analysis.*

▶———. 2020j. *Teleworking during the COVID19 Pandemic and Beyond：A Practical Guide.*

▶———. 2020k. "COVID-19 and the Health Sector"，ILO Sectoral Brief，11 April 2020.

▶———. 2020l. "COVID-19 and Public Emergency Services"，ILO Sectoral Brief，8 April 2020.

▶———. 2020m. "COVID-19 and Urban Passenger Transport Services"，ILO Sectoral Brief，September 2020.

▶———. 2020n. "COVID-19 Impact on Child Labour and Forced Labour：The Response of the IPEC+ Flagship Programme"，May 2020.

▶———. 2020o. "ILO Monitor：COVID-19 and the World of Work. Second Edition"，7 April 2020.

▶———. 2020p. "These Occupations Are Dominated by Women". *ILOSTAT Blog*（blog）. 6 March 2020. https：//ilostat.ilo.org/these-occupations-are-dominated-by-women/.

▶———. 2020q. "COVID-19 and Care Workers Providing Home or Institution-Based Care"，ILO Sectoral Brief，October 2020.

▶————. 2020r. "Answering Key Questions around Informality in Micro and Small Enterprises during the COVID-19 Crisis", ILO Policy Brief, September 2020.

▶————. 2020s. "Protecting Migrant Workers during the COVID-19 Pandemic: Recommendations for Policy-Makers and Constituents", ILO Policy Brief, April 2020.

▶————. 2020t. "Experiences of ASEAN Migrant Workers during COVID-19", ILO Brief, 3 June 2020.

▶————. 2020u. "Impact of the COVID-19 Crisis on Loss of Jobs and Hours among Domestic Workers", 15 June 2020.

▶————. 2021a. *World Employment and Social Outlook 2021: The Role of Digital Labour Platforms in Transforming the World of Work.*

▶————. 2021b. "Impact of COVID-19 on the Construction Sector", ILO Sectoral Brief, January 2021.

▶————. 2021c. *Skills Development in the Time of COVID-19: Taking Stock of the Initial Responses in Technical and Vocational Education and Training.*

▶————. 2021d. "From Potential to Practice: Preliminary Findings on the Numbers of Workers Working from Home during the COVID-19 Pandemic", ILO Policy Brief, March 2021.

▶————. n.d. "International Labour Standards on Seafarers". https://www.ilo.org/global/standards/subjects-covered-by-international-labour-standards/seafarers/lang--en/index.htm.

▶————. Forthcoming a. "COVID-19, Vaccinations and Consumer Demand: How Jobs Are Affected through Global Supply Chains", ILO Brief.

▶————. Forthcoming b. *Assessment on the Impact of COVID-19 on Migrant Workers in and from the IGAD Region.* ILO.

▶ ITC (International Trade Centre). 2020. *SME Competitiveness Outlook 2020: COVID19: The Great Lockdown and Its Impact on Small Business.* Geneva.

▶ LMIC (Labour Market Information Council). 2021. "Women in Recessions: What Makes COVID-19 Different?", LMI Insight Report No. 39.

▶ Mbiyozo, Aimée-Noël. 2020. "Migrant Smugglers Are Profiting from Travel Restrictions" Institute for Security Studies, 20 July 2020.

▶ Mutambudzi, Miriam, Claire Niedwiedz, Ewan Beaton Macdonald, Alastair Leyland, Frances Mair, Jana Anderson, Carlos Celis-Morales, John Cleland, John Forbes, Jason Gill, et al. 2020. "Occupation and Risk of Severe COVID-19: Prospective Cohort Study of 120, 075

UK Biobank Participants". *Occupational and Environmental Medicine*. 9 December 2020.

► Soares，Sergei，and Janine Berg. Forthcoming. "Transitions in the Labour Market under COVID-19：Who Endures，Who Doesn't and the Implications for Inequality". *International Labour Review*.

► UN（United Nations）. 2020. "The Impact of COVID-19 on Women"，Policy Brief，9 April 2020.

► UNCTAD（United Nations Conference on Trade and Development）. 2020. *Investment Trends Monitor* 36（October 2020）.

► UNESCO（United Nations Educational，Scientific and Cultural Organization）. n.d. "Education：From Disruption to Recover". Accessed 10 February 2021. https：//en.unesco.org/covid19/educati-onresponse#schoolclosures.

► University of the Philippines COVID-19 Pandemic Response Team. n.d. "Jobs Risk Profiling：Philippines". https：//datastudio.google.com/u/0/reporting/1uGMQnM_ky_NQ_mnA7tiQ118wYIxQ_wMR/page/ns7NB?s=obkpICtqUuY.

► WHO（World Health Organization）. n.d. "WHO Coronavirus（COVID-19）Dashboard". https：//covid19.who.int/.

► Yee，Vivian，and Tiksa Negeri. 2020. "African Migrants in Yemen Scapegoated for Coronavirus Outbreak". *The New York Times*，28 June 2020.

结　论

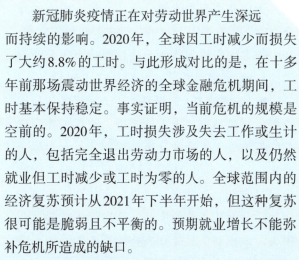

　　新冠肺炎疫情正在对劳动世界产生深远而持续的影响。2020年，全球因工时减少而损失了大约8.8%的工时。与此形成对比的是，在十多年前那场震动世界经济的全球金融危机期间，工时基本保持稳定。事实证明，当前危机的规模是空前的。2020年，工时损失涉及失去工作或生计的人，包括完全退出劳动力市场的人，以及仍然就业但工时减少或工时为零的人。全球范围内的经济复苏预计从2021年下半年开始，但这种复苏很可能是脆弱且不平衡的。预期就业增长不能弥补危机所造成的缺口。

　　此外，危机已经而且将持续对工人和企业产生非常不同的影响，而危机之前业已处于不利地位的人受到的影响最大。从这个意义上说，危机加剧了已有的社会和经济不平等问题，破坏了劳动世界取得的很多进展，并大大增加了落实2030年可持续发展议程的难度。除非政策制定者精准发力，确保实现尽可能广泛的、以人为本的复苏，否则社会和经济不平等的加深以及体面工作的缺乏将给经济和社会造成长期的疤痕。恢复强劲的GDP增长是必要的，但仅GPD增长尚不足以防止疤痕效应以及人力和经济潜力的巨大损失。

　　本报告探讨了危机影响如何因经济活动行业、企业类型和工人情况而异。相关分析揭示了危机长期伤害经济和社会的更大风险，具体包括以下方面：

▶ **小微企业**。新冠危机对小微企业造成了毁灭性的影响，该问题在受危机影响最严重的行业中尤为突出，包括住宿和餐饮服务、批发和零售业、建筑业和大多数制造业。来自最近一项调查的相关证据表明，此类企业受危机严重影响的可能性比大型企业高50%以上，近3/4受访的小微企业称出现严重财务困难。许多企业已经倒闭或负债累累，面临不确定的未来。各类企业，特别是小微企业财务状况恶化，给投资、生产力和创造就业机会带来了不利影响。

▶ **非正式就业**。非正式工人和企业受到的打击尤为沉重。危机期间，非正式工人失业的可能性是正式雇员的3倍。全球约20亿非正式工人无法获得至少能部分弥补其收入损失的社会保障。调查表明，1/4的非正式企业濒临破产，其中许多因资格问题而无法获得政府向企业提供的支持。

▶ **低技能工人**。低技能工人遭受的工位岗位损失比高技能工人更为严重。留在工作岗位上的低技能工人通常从事一线职业，大多属于卫生、运输、零售和个人护理服务行业，因此极易接触到新冠病毒。另外，高技能工人集中在更适合远程工作的职业，这有助于减轻就业损失。危机对低技能和高技能工人的不同影响加剧了劳动力市场的不平等，同时，北方国家工人转向居家工作（和学习）的能力比南方国家更强，加剧了国家之间的不平等。

▶ **女性**。疫情期间，女性就业率下降了5%，而男性则下降了3.9%。近90%的失业女性离开了劳动力市场，这意味着女性处于经济不活跃状态的比例要远远高于男性。女性承担着更多的照顾孩子和进行家庭教育的责任，这些趋势导致传统性别规范卷土重来的风险变大，阻碍了女性进入劳动力市场，不利于促进性别平等。

▶ **青年**。青年也受到了危机的严重影响。疫情期间，青年工人的就业率降幅是成年工人的2.5倍，更多的青年工人转向经济不活跃状态。此外，新冠肺炎疫情严重扰乱了教育和培训，导致许多人从学校、职业培训或大学向劳动力市场过渡时受到了不利影响。这对劳动大军中大量青年群体的长期就业概率、工资和技能发展都有负面影响。这些趋势带来的后果是，在有可用数据的33个国家中，有24个国家的既未就业、也未接受教育和培训的青年的比例显著增加。

工时和就业损失方面的差异导致不同工人和国家群体收入损失方面的类似差异。2020年，全球劳动收入下降了3.7万亿美元，降幅达8.3%。青年、女性和低技能工人受到的影响更大。由于缺乏适当的支持措施，贫困严重加剧，尤其是低收入和中等偏下收入国家。2019~2020年，处于极端贫困或中度贫困状态（即每日收入按购买力平价计算不足1.90美元或3.20美元）的工人增加了1亿多人，达到7亿人，使五年来消除贫困所取得的进展化为乌有。

工作贫困加剧，处于极端贫困状态的工人增加了3000万人。造成这一局面的一部分原因是，在实施弥补劳动收入损失的支持措施方面，全世界的机会极不平等。许多国家实施了范围和力度不一的就业保留计划和其他支持措施。这些措施在一定程度上弥补了劳动收入的损失。然而，此类措施更可能出现在收入水平较高的国家，而且在很大程度上只适用于正式工人。这意味着非正式工人和生活在较贫穷国家的工人承受了大部分因工时减少而造成的劳动收入损失。

社会保障福利为失去劳动收入的人提供收入支持。能否平等享受社会保障福利，取决于工人所在的国家，也取决于不同合同安排下社会保障体系的覆盖面。在危机对生计造成的不平等影响方面，非正式就业程度和一国的财政能力再次成为关键的决定因素。此外，劳动力市场上已经存在的不平等，诸如性别、年龄和移民身份等，通常也会导致社会保障缺失。世界许多地区都面临着社会保障体系不发达和资金不足的问题，这限制了有关国家减少贫困和不平等的能力。

本报告反映的趋势表明，新冠危机很可能在今后几年里加剧国家内部和国家之间的不平等。从这个意义上说，这场危机可能在国际层面带来更多的经济和社会伤害，包括消除贫困的进展将变得更加缓慢和不平衡，发展中国家和发达国家之间收入趋同的速度将放缓，以及到2030年实现可持续发展目标将受阻。国家之间差距扩大很有可能因获得疫苗的机会高度不平等而加剧。

如果不采取全面和协调一致的政策应对措施，危机引发的各种效应很可能会给各经济体的整体宏观经济表现留下长期伤疤。危机对青年、女性以及技能较低、非正式和较贫穷的工人造成了严重影响，包括在获得技能和健康状况方面的影响。这些影响意味着劳动力参与率大幅减少，生产力增速下降。劳动力参与率和生产力增速长期下降，反过来会削弱个别经济体和整个世界经济的增长潜力。目前的发展趋势不容乐观。预计到2022年，所有国家，不论其处于经济发展的哪个阶段，都将面临劳动力参与率低于2019年的状况，这将在未来几年造成劳动力市场"滞后"的风险，即低劳动力参与率将在未来几年内持续存在。全球劳动生产率增速预计也将保持在危机前水平的2/3以下。这种减速预计在低收入和中等偏下收入国家（地区）表现得最为明显，分别为1.9个和2.6个百分点。较低生产力与较低劳动力参与率同时存在的情况非常普遍，这意味着许多国家适龄劳动人口的潜力将受到限制，世界经济的增长潜力也将受阻。这些情况反过来又意味着全球减贫和实现可持续发展目标的步伐将放缓，从而损害"行动十年"①期间的全球增长与发展。在"行动十年"期间，消除贫困（目标1）和到2030年实现其他可持续发展目标的努力本应得到加强。

本年度的《世界就业和社会展望趋势》分析了2020年不同寻常的发展，指出存在的一个真正危险：若缺乏全面和协调一致的政策努力，新冠危机将留下后遗症，即不平等的加剧和劳

动世界总体进程的退步将会在不同层面长期存在。各国都在与危机作斗争，并开始从危机中复苏。监测危机不同影响的发展变化，并采取持续的政策应对措施以减轻和应对这些影响，是决策者需要长期关注的优先事项。为此，各国政府应通过社会对话，制定以人为本的复苏策略，尽可能广泛地加强本国社会的生产性就业、收入和安全。国际合作应优先向那些寻求援助以制定和实施应对措施的发展中国家（地区）提供支持。所有这些以人为本的复苏策略的首要目标都应该是在确保改善总体GDP增长和失业指标的同时，改善各国和世界各区域所有工人群体及其家庭的体面工作、收入和社会保障。

在某些情况下，要尽量减少劳动世界所受的伤害，确保复苏期间不让任何人掉队，就需要延长危机早期阶段所采取的政策措施的期限，而在其他情况下则需要调整这些措施或出台新措施。目前的主要任务是执行国际劳工组织《未来工作百年宣言》（2019），该宣言呼吁各成员"在三方和社会对话的基础上"，为实现以人为本的未来工作做出贡献，"将工人的权益和全人类的需求、期望及权利置于经济、社会和环境政策的核心"。因此，各国（地区）采取的以人为本的复苏策略应寻求：

（1）促进基础广泛的经济增长和创造生产性就业。要广泛提高体面工作机会，就需要维持宽松的货币政策，实施能够推动创造就业机会的财政政策，进行相应投资，特别是投资于最有潜力创造体面工作的经济部门，包括照料经济和绿色基础设施。对于低收入国家（地区）和部分中等收入国家（地区），需要采取国际政策行动，包括债务重组和其他形式的财政援助，为这些国家（地区）提供开展此类投资所需的财政空间。就业密集型投资有利于释放当地劳动力和资源，提高当地社区的技能。在这个过程中，投资创造了急需的就业和收入，降低了

---

① 联合国于2022年1月22日正式发起可持续发展目标"行动十年"计划，呼吁加快应对贫困、气候变化等全球面临的最严峻挑战，以确保在实现2030年可持续发展议程。——译者注

成本，节省了外汇，为当地工业提供了支持。在危机发生之前，物质和社会基础设施短缺困扰着世界许多地区，因此复苏提供了一个机会以填补这些空白，更好地重建这些设施。全面的国家就业政策可以发挥关键作用，以协调、集中的方式汇聚各种干预措施，推动实现持续、包容和就业机会充足的复苏。

（2）支持家庭收入和劳动力市场转型，特别是为受疫情影响最严重的人群提供支持。就业和社会保障政策应设法促进工人找到新的工作来维持生计，尤其要关注女性、青年、低技能工人和非正式工人等最脆弱和受影响最严重的群体。在调整过程中，还应对这些工人的家庭提供支持。积极的劳动力市场政策和公共就业服务将起到至关重要的作用，这些政策和服务旨在帮助人们重拾技能和提高技能，改善职业发展服务，提高求职、技能匹配与技术能力。青年尤其需要有针对性的干预措施来帮助他们有效融入生产性就业，并减少未就业、也未接受教育和培训的人数。应努力实现性别平等，防止该进程因疫情而出现长久倒退。投资于高质量的公共医疗和社会护理，包括儿童保育、老年人支持和长期护理，可以让女性（和男性）更积极地参与劳动力市场，同时在护理行业创造体面就业机会。

（3）加强包容、可持续和强健的经济增长和发展的制度性基础。拥有完善的社会保障体系的国家能对危机做出更快反应，能更好地保护其工人。社会保障体系不完善的国家应当将加强这种体系作为优先事项。建立广泛的社会保障最低标准，确保所有工人，包括非正式经济部门的工人，都能至少享有一套最低限度的保障，特别是获得医疗保健和基本收入保障，这些保护措施的目的是帮助他们渡过经济难关。危机造成的影响极不均衡，凸显了解决工作条件不平等的必要性。无论是何种合同类型的工人，包括以灵活形式就业在内的所有工人，都有权享有自由结社和集体谈判的权利、安全和健康的工作场所、合理的最低工资，以及没有歧视、强迫劳动和童工的劳动世界。国际劳工标准载有指导方针，可帮助国际劳工组织成员在社会对话的基础上制定最适合本地实际情况的法律和条例，以及有效执行这些法律和条例的策略。加大对技能发展和终身学习的投资，努力为可持续的企业创造有利环境，也有助于为更具韧性的增长铺平道路。

（4）参与社会对话，制定以人为本的复苏策略并确保其有效实施。要促进基础广泛的经济和社会复苏，以应对疫情对劳动世界造成的冲击，如果在这个过程中积极开展各个层面的社会对话，这些努力将更有可能取得成功。各国政府、雇主组织和工人组织应共同努力，制定和实施应对危机所需的以人为本的政策，同时加强本国经济的整体韧性。集体谈判是一种非常灵活的方式，可以回应特定工作场所、政府和经济部门的要求。然而，集体谈判取决于结社自由权和集体谈判权的有效落实。应通过两方和三方谈判解决关键问题，如职业安全与卫生措施，以保护有接触病毒和其他危险的工人，并平等对待居家工作者和其他靠工资为生的人。

附　录

▶ 附录A.按区域和收入水平划分的国家（地区）分组

非洲	美洲	亚洲和太平洋地区	欧洲和中亚
北非	**拉丁美洲和加勒比地区**	**东亚**	**北欧、南欧和西欧**
阿尔及利亚	阿根廷	中国	阿尔巴尼亚
埃及	巴哈马	中国香港	奥地利
利比亚	巴巴多斯	日本	比利时
摩洛哥	伯利兹	朝鲜	波黑
苏丹	玻利维亚	韩国	海峡群岛
突尼斯	巴西	中国澳门	克罗地亚
西撒哈拉	智利	蒙古	丹麦
	哥伦比亚	中国台湾	爱沙尼亚
	哥斯达黎加		芬兰
撒哈拉以南非洲	古巴		法国
安哥拉	多米尼加共和国	**东南亚和太平洋地区**	德国
贝宁	厄瓜多尔	澳大利亚	希腊
博茨瓦纳	萨尔瓦多	文莱	冰岛
布基纳法索	危地马拉	柬埔寨	爱尔兰
布隆迪	圭亚那	斐济	意大利
喀麦隆	海地	法属波利尼西亚	拉脱维亚
佛得角	洪都拉斯	关岛	立陶宛
中非共和国	牙买加	印度尼西亚	卢森堡
乍得	墨西哥	老挝	马耳他
科摩罗	尼加拉瓜	马来西亚	黑山
刚果	巴拿马	缅甸	荷兰
刚果民主共和国	巴拉圭	新喀里多尼亚	北马其顿
科特迪瓦	秘鲁	新西兰	挪威
吉布提	波多黎各	巴布亚新几内亚	葡萄牙
赤道几内亚	圣卢西亚	菲律宾	塞尔维亚
厄立特里亚	圣文森特和格林纳丁斯	萨摩亚	斯洛文尼亚
斯威士兰	苏里南	新加坡	西班牙
埃塞俄比亚	特立尼达和多巴哥	所罗门群岛	瑞典
加蓬	美属维尔京群岛	泰国	瑞士
冈比亚	乌拉圭	东帝汶	英国
加纳	委内瑞拉	汤加	
几内亚		瓦努阿图	
几内亚比绍		越南	**东欧**
肯尼亚	**北美洲**		白俄罗斯
莱索托	加拿大		保加利亚
利比里亚	美国	**南亚**	捷克
马达加斯加		阿富汗	匈牙利
马拉维		孟加拉国	摩尔多瓦
马里		不丹	波兰
毛里塔尼亚	**阿拉伯国家**	印度	罗马尼亚
毛里求斯		伊朗	俄罗斯联邦
莫桑比克	巴林	马尔代夫	斯洛伐克
纳米比亚	伊拉克	尼泊尔	乌克兰
尼日尔	约旦	巴基斯坦	
尼日利亚	科威特	斯里兰卡	
卢旺达	黎巴嫩		**中亚和西亚**
圣多美和普林西比	巴勒斯坦被占领土		亚美尼亚
塞内加尔	阿曼		阿塞拜疆
塞拉利昂	卡塔尔		塞浦路斯
索马里	沙特阿拉伯		格鲁吉亚
南非	叙利亚		以色列
南苏丹	阿联酋		哈萨克斯坦
坦桑尼亚	也门		吉尔吉斯斯坦
多哥			塔吉克斯坦
乌干达			土耳其
赞比亚			土库曼斯坦
津巴布韦			乌兹别克斯坦

高收入国家（地区）	中等偏上收入国家（地区）	中等偏下收入国家（地区）	低收入国家（地区）
澳大利亚	阿尔巴尼亚	安哥拉	阿富汗
奥地利	阿尔及利亚	孟加拉国	布基纳法索
巴哈马	阿根廷	贝宁	布隆迪
巴林	亚美尼亚	不丹	中非共和国
巴巴多斯	阿塞拜疆	玻利维亚	乍得
比利时	白俄罗斯	柬埔寨	刚果民主共和国
文莱	伯利兹	喀麦隆	厄立特里亚
加拿大	波黑	佛得角	埃塞俄比亚
海峡群岛	博茨瓦纳	科摩罗	冈比亚
智利	巴西	刚果	几内亚
克罗地亚	保加利亚	科特迪瓦	几内亚比绍
塞浦路斯	中国	吉布提	海地
捷克	哥伦比亚	埃及	朝鲜
丹麦	哥斯达黎加	萨尔瓦多	利比里亚
爱沙尼亚	古巴	斯威士兰	马达加斯加
芬兰	多米尼加共和国	加纳	马拉维
法国	厄瓜多尔	洪都拉斯	马里
法属波利尼西亚	赤道几内亚	印度	莫桑比克
德国	斐济	印度尼西亚	尼日尔
希腊	加蓬	肯尼亚	卢旺达
关岛	格鲁吉亚	吉尔吉斯斯坦	塞拉利昂
中国香港	危地马拉	老挝	索马里
匈牙利	圭亚那	莱索托	南苏丹
冰岛	伊朗	毛里塔尼亚	苏丹
爱尔兰	伊拉克	摩尔多瓦	叙利亚
以色列	牙买加	蒙古	塔吉克斯坦
意大利	约旦	摩洛哥	多哥
日本	哈萨克斯坦	缅甸	乌干达
韩国	黎巴嫩	尼泊尔	也门
科威特	利比亚	尼加拉瓜	
拉脱维亚	马来西亚	尼日利亚	
立陶宛	马尔代夫	巴勒斯坦被占领土	
卢森堡	墨西哥	巴基斯坦	
中国澳门	黑山	巴布亚新几内亚	
马耳他	纳米比亚	菲律宾	
毛里求斯	北马其顿	圣多美和普林西比	
荷兰	巴拉圭	塞内加尔	
新喀里多尼亚	秘鲁	所罗门群岛	
新西兰	俄罗斯联邦	坦桑尼亚	
挪威	圣卢西亚	东帝汶	
阿曼	圣文森特和格林纳丁斯	突尼斯	
巴拿马	萨摩亚	乌克兰	
波兰	塞尔维亚	乌兹别克斯坦	
葡萄牙	南非	瓦努阿图	
波多黎各	斯里兰卡	越南	
卡塔尔	苏里南	西撒哈拉	
罗马尼亚	泰国	赞比亚	
沙特阿拉伯	汤加	津巴布韦	
新加坡	土耳其		
斯洛伐克	土库曼斯坦		
斯洛文尼亚	委内瑞拉		
西班牙			
瑞典			
瑞士			
中国台湾			
特立尼达和多巴哥			
阿联酋			
英国			
美国			
美属维尔京群岛			
乌拉圭			

▶ 附录B.国际劳工组织模拟估算

《世界就业和社会展望》中的所有全球和区域劳动力市场估算值均来自国际劳工组织2021年4月的模型估算。国际劳工组织设计了一系列计量经济学模型，并对其进行积极维护，用于估算无法获得国家报告数据的国家（地区）和年份的劳动力市场指标数据。为数据缺失的国家（地区）估算劳动力市场指标的目的是获得平衡的面板数据集，以便每年都能计算出具有一致国家（地区）覆盖范围的区域和全球总数据。通过这种方式，国际劳工组织能够分析全球和区域层面关键劳动力市场指标和相关趋势的估算值。此外，由此产生的国家（地区）层面的数据（包括报告的和估算观察值）构成了一套独特的、具有国际可比性的劳动力市场指标数据集。

数据收集和评估

国际劳工组织的模拟估算一般涉及189个国家和地区，并根据性别和年龄适当分类。在运行模型以获得估算值之前，国际劳工组织统计部的劳动力市场信息专家与研究部合作，评估现有的国家（地区）报告数据，只选择被视为在各国之间具有充分可比性的观察值。国际劳工组织最近致力于根据国家报告的微观数据编制统一指标，从而大大提高了观察值的可比性。尽管如此，仍有必要根据以下四个标准选择数据：（1）数据源类型；（2）区域覆盖面；（3）年龄组覆盖面；（4）方法上的缺陷或异常值的存在。

第一个标准是指为了将劳动力市场数据纳入特定模型，这些数据必须来自劳动力调查、家庭调查或人口普查（这种情况比较少见）。各个国家（地区）的劳动力调查大体相似，而且数据质量最高，因此从这些调查中获得的数据比从其他来源获得的数据更具可比性，在选择过程中将严格优先考虑基于劳动力调查的数据。然而，对于许多缺乏资源开展劳动力调查的发展中国家（地区）而言，只能根据其他类型的家庭调查或人口普查获得劳动力市场信息。因此，为了平衡数据可比性和数据覆盖面这两个相互冲突的目标，模型中包含了一些非劳动力调查的家庭调查数据，在少数情况下也包含基于人口普查的数据。

第二个标准是指只包括全国性（不受区域限制）的劳动力市场指标。那些只反映城市或农村地区的观察值不被纳入，因为农村和城市劳动力市场之间通常存在很大差异，仅使用农村或城市数据会出现与GDP等基准数据不一致的情况。不过，当数据明确细分为城市和农村地区时，相关性较强的特定地理区域的数据将被纳入。

第三个标准是指观察数据所涵盖的年龄组必须在各国之间有足够的通用性。各国报告不同年龄组的劳动力市场信息，所选年龄组可影响某一特定劳动力市场指标的观察值。

最后一个标准仍然与如何从给定模型中排除数据有关，即是否存在方法上的缺陷，或者某个特定数据点是否明显为异常值。在这两种情况下，既要采用尽可能多的数据，也要注意数据中是否可能包含扭曲结果的观察值，做到在二者之间取得平衡。在这一过程中，需要特别注意现有元数据和获取所考虑数据点的基本方法。

如果出现了符合上述标准的更为精确的数据来源，则之前采用的输入数据被弃用，可以对历史估算值进行修正。

用于估算截至2019年的历史劳动力市场指标的模型

劳动力市场指标通过一系列模型估算而得。这些模型在观察到的劳动力市场指标和解释变量之间建立统计关系，这些关系用于估算缺失的观察值，并对指标进行预测。

潜在的统计关系很多，这些关系也被称为"模型设定"，可用于预测劳动力市场指标。获得准确无偏估计的关键是在每种情况下都能选择最佳的模型设定。国际劳工组织模拟估算通常依赖一种被称为"交叉验证"的程序，该程序用于确定可以使估算的预期误差和方差最小化的模型。该过程包括使用随机数据子集重复计算多个候选模型设定：预测缺失的观测值，并计算每次迭代的预测误差。评估每个候选模型的基础是伪样本外均方根误差，尽管结果稳定性等其他指标的评估取决于模型。使用这种方法可以确定为某一给定劳动力市场指标提供最佳估计的统计关系。需要注意的是，实现此目的最合适的统计关系可能因国家（地区）而异。

新冠危机给全球劳动力市场带来异常严重的破坏。在这种情况下，国际劳工组织模拟估算所依据的一系列模型不再适合估计和预测劳动力市场指标的演变。因此，仅截至2019年（含2019年）的国际劳工组织历史模拟估算以传统方法和模型为基础。国际劳工组织开发了一种全新的即时预测方法，用以估算2020年劳动力市场指标的变化，并为2021年和2022年开发了新的预测模型。

国际劳工组织模拟估算的基准是联合国《世界人口展望》2019年修订本，该报告提供了按5岁为组距进行分组的总人口估算值和预测值。适龄劳动人口包括年满15岁的所有人。第一，使用一个模型来估计和预测按性别和按5岁为组距划分的人口的劳动力参与率。这些估计和预测的比率可用于估算适龄劳动人口，获得劳动力人口。第二，另一个模型用于估计按性别、青年（15~24岁）和成人（25岁以上）划分的失业率。将失业率与劳动力估算值相结合，得出就业人口和失业人口。第三，再使用另一个模型来估算劳动力利用率不足率（LU2率、LU3率和LU4率，详见下文），从中可以得出与时间相关的就业不足和潜在劳动力。第四，作为四个不同指标函数的就业分布，将利用四种不同的模型估算。这四个指标分别是就业身份、经济活动（行业）、职业和经济阶层（工作贫困）。第五，使用一个模型来估计未就业、未接受教育和培训的年轻人的占比。

用于估算所有指标的模型遵循相同的基本方法，但由于基础数据的具体特征不同，各种模型之间存在差异。下面将对每种模型进行详细介绍。

劳动力估算和预测

国际劳工组织劳动力估算和预测（LFEP）是一项广泛的国际行动的一部分，该行动旨在获得人口估算值和预测值，几个联合国机构对此做出了贡献。联合国人口司对总人口及其性别和年龄构成做出估计和预测；国际劳工组织提供就业、失业和相关人口数据；联合国粮农组织提供农业人口数据；联合国教科文组织提供就学人口数据。

为相关模型输入的基本数据是按性别和年龄组划分的单年劳动力参与率，其中10个年龄组以5岁为组距（15~19岁、20~24岁，以此类推到60~64岁）定义，最后一个年龄组定义为65岁及以上。基本的方法已经在伪样本外表现校对进行了广泛评估。不过，在本附录中，LFEP模型和用于估计劳动收入占比的模型是仅有的两个不能自动执行模型设定搜索的模型。

线性插值用于填补可能采用这种程序的国家（地区）的缺失数据。鉴于劳动力参与率是一个非常持久的变量，执行该程序为合理情况，这并不奇怪。所有其他情况都要进行加权多元估算。根据广泛的经济相似性和地理邻近性进行综合选择，所有国家（地区）被分为九个估算组。在模型设定方面，考虑到数据结构和所用输入数据在不同国家（地区）之间的异质性，决定使用具有国家（地区）固定效应的面板数据技术。回归由无反应似然加权。所使用的解释变量包括经济和人口统计变量。估算值使用详细的以5岁为组距的人口分组得出。全球数据使用联合国《世界人口展望》中的基准人口和详细比率计算而得。

失业估算

该模型估算了按性别和年龄（15~24岁，25岁以上）划分的完整失业率面板数据集。与按性别和年龄划分的失业率相比，总失业率存在真实观察值的可能性更大。为了最大限度地利用真实信息，模型首先估算总比率，然后再分别估算男性和女性的就业率，以及青年和成人的就业率。之后，对这些估算值进行重新平衡，使隐含的总比率与第一步估计的总比率相匹配。在最后一步中，对男性和女性青年以及男性和女性成人的失业率也采用了类似的步骤进行估算。

每个指标的估算过程分两个步骤。第一步，针对某些国家（地区）数据完全缺失的情况，进行了跨国回归，以确定2018年的失业率水平。这一步使用了盖洛普世界民意调查中的人口统计、人均收入、经济结构和就业指数等信息。第二步，利用关于经济周期、经济结构和人口统计的信息，估计失业率的变化。两步骤过程的优点是，用不同的方法处理两个非常不同的计量经济学问题。

劳动力利用不足估算（LU2率、LU3率和LU4率）

该模型的目标变量是劳动力利用不足的衡量标准，依据是2013年10月第十九届国际劳工统计学家会议通过的关于工作、就业和劳动利用不足统计决议中所界定的标准。这些指标包括与时间有关的就业不足和失业的综合

比率（LU2）、失业和潜在劳动力的综合比率（LU3），以及劳动力利用不足的综合衡量指标（LU4）。这些衡量标准的定义是：

$$LU2=\frac{失业人口+与时间有关的就业不足}{劳动力}$$

$$LU3=\frac{失业人口+潜在劳动力}{劳动力+潜在劳动力}$$

$$LU4=\frac{失业人口+潜在劳动力+与时间有关的就业不足}{劳动力+潜在劳动力}$$

与时间相关的就业不足被定义为所有在较短参考期内想要工作更长时间的就业人员，其所有工作的工时低于规定的工时阈值，并且如果有机会获得更多的工时，他们将利用这些时间来工作。潜在劳动力包括正在积极找工作的适龄劳动人群，他们在参考周内无法上岗工作，但在随后的短时间内可以上岗工作（不可用的求职者），或者那些不积极求职但想工作且在参考周内有时间的人（可用的潜在求职者）。

该模型采用交叉验证和不确定性估计的原则，选择具有最佳伪样本外表现的回归模型，与失业率模型类似。但是，劳动力利用不足模型有三个非常具体的特征。首先，使用适当的分类变量作为回归中的控制变量，对所有人口统计组进行联合估计，因为这些组之间相互依赖（而且数据可用性在所有细分项目中大致相同）。其次，该模型将失业和劳动力信息纳入回归（与其他变量一起使用，以反映经济和人口因素）。最后，LU4率仅由LU2率和LU3率固定，因为LU4率是基于这两个指标的复合衡量标准。

由此得出的估算值包括LU2率、LU3率和LU4率，以及与时间相关的就业不足和潜在劳动力水平。

工时

每周工时与15~64岁人口的比率是估算数据缺失国家（地区）的目标变量。每周总工时由该比率乘以15~64岁人口的估算值得出。

回归方法使用15~64岁人口在总人口中的占比、就业人口比以及与时间相关的就业不足率来预测缺失值。对于未观察到这一指标的国家（地区），其截点估计为区域平均值和收入组平均值的组合。

按身份、职业和经济活动划分的就业分布估算

按身份、职业和经济活动（行业）划分的就业分布是对就业总数的估算，同时还按照性别分列。第一步，进行跨国回归，以确定在数据完全缺失的国家（地区）中每个就业相关类别的占比。此步骤使用人口统计、人均收入、经济结构和模型特定指标等信息，对估计的分布具有较高的预测力。每个类别的指标如下：

▶ 身份指标来自盖洛普世界民意调查中雇主的工作指数；

▶ 职业指标是指某一特定职业的人最有可能从事的行业部门的增加值占比；

▶ 行业部门是指行业的增加值占比。

下一步将利用经济周期、经济结构和人口统计信息，估计每一类别占比的变化。最后，对估算值进行重新平衡，以确保单项占比的合计值达到100%。

所估算的行业根据国际劳工组织的特定分类计算，以确保联合国《所有经济活动的国际标准行业分类》（ISIC）第三版和第四版之间的最大一致性。行业A、B、C、F、G、I、K、O、P和Q对应分类第四版。此外，还定义了以下综合行业：

▶ "公用事业"由D、E行业组成；

▶ "运输、储存和通信"由H、J行业组成；

▶ "房地产、商业和行政活动"由L、M和N行业组成；

▶ "其他服务"由R、S、T和U行业组成。

所估算的职业原则上与国际劳工组织1988年和2008年国际标准职业分类（ISCO-88和ISCO-08）的主要类别相对应。然而，各国对自给农业职业的分类不一致，有时甚至一个国家

（地区）内不同年份的自给农业职业分类也不一致。根据ISCO-08，自给农民应归入职业分类第6类，即熟练农业工人。然而，一些自给农业发生率较高的国家（地区）报告显示，第6类工人的占比较低，但第9类（初级职业）工人的占比较高。这意味着，在经济结构非常相似的国家（地区）之间，第6类和第9类职业的占比可能存在很大差异。由于无法确定第6类和第9类之间的错误分类程度，为了获得一致且具有国际可比性的分类，将第6类和第9类合并后再一起估算。

按经济阶层划分的就业估算

按经济阶层划分的就业估算值专为一部分国家（地区）编制。除人口、社会和经济变量外，该模型还使用了从失业、身份和经济活动模型中得出的数据作为输入值。

该方法包括两个步骤。第一步，使用总人口的经济阶层（以及其他解释变量）估计工人的各种经济阶层。此步骤基于这样一个事实：经济阶层在总人口中的分布与工作人口中的分布密切相关。总人口的经济阶层来自世界银行的PovcalNet数据库。一般来说，经济阶层是根据消费来定义的，但在没有其他数据的特殊情况下，可以使用收入数据来定义。

获得第一步的估算值之后，第二步将估算既没有劳动人口经济阶层数据，也没有第一步估算值的观察数据。第二步通过交叉验证和随后的最佳表现模型选择，确保结果令人满意。

在当前版本的模型中，就业细分为五个不同的经济阶层：按购买力平价计算，每日0~1.90美元、1.90~3.20美元、3.20~5.50美元、5.50~13.00美元以及13.00美元以上的工人。

与未就业、未接受教育和培训的青年有关的估算

该模型的目标变量是未就业、未接受教育和培训（NEET）的青年的占比：

$$NEET占比 = \frac{未就业、未接受教育和培训的青年}{青年人口}$$

值得注意的是，根据定义，1减去NEET占比即为就业或参加某种教育或培训方案的青年的占比。NEET占比是衡量可持续发展目标落实情况的指标之一，特别是目标8（"促进持久、包容和可持续的经济增长，促进实现充分的生产性就业和人人获得体面工作"）。

该模型采用交叉验证和不确定性估计的原则，选择具有最佳伪样本外表现的回归模型，与失业率模型类似。NEET模型使用适当的分类变量作为回归中的控制变量，对所有人口统计组进行联合估计，因为这些组之间相互依赖（而且数据可用性在所有细分项目中大致相同）。该模型将失业、劳动力和就学率信息纳入回归（与其他变量一起使用，以反映经济和人口因素）。由此得出的估算值包括NEET占比和处于NEET状态的青年数量。

用于估算2020年劳动力市场指标的模型

2020年劳动力市场指标的估算采用了与历史估算不同的方法。估算目标是可归因于新冠肺炎疫情的指标的百分比变化。这相当于在无疫情未发生的情况下该指标预测值的缺口，该预测实际上非常接近2019年第四季度的值。第一，这一缺口是根据每周工时与15~64岁人口的比率来估算的，因此提供了工时损失的估算值。第二，用工时损失来估算就业损失。第三，就业损失具体转为失业、经济不活跃和潜在劳动力的情况。第四，估算就业损失在各行业、职业和身份的分布情况。

工时损失的即时预测

截至2021年第一季度（含该季度）的工时损失使用国际劳工组织的即时预测模型进行估算，也就是以实时或以非常短的发布时滞绘制高频指标的值，以预测目标变量的当前值。

估算工时损失的基础是从《谷歌社区人员流动报告》（Google Community Mobility Reports）[①]和牛津新冠肺炎政府反应严厉指数（Oxford COVID-19 Government Response Stringency Index）中观察到的流动性下降，因为可比的流动性下降和类似的严格限制可能会导致类似的工时下降。此外，还使用了《谷歌社区人员流动报告》中的工作场所和"零售和娱乐"指数的平均值。

使用主成分分析将严厉性和流动性指数合并为一个变量[②]。此外，对于缺乏限制措施数据的国家（地区），采用流动性数据（如果可用）和新冠肺炎发病率的最新数据来推断对工时的影响。[③]由于各国在统计病例方面的做法不同，死亡病例这一更具同质性的概念被用于代表疫情严重程度。该变量以相同的月度频率计算，但数据会每天更新，数据来源是欧洲疾病预防和控制中心。最后，对于少数在估算时缺乏现成数据的国家（地区），使用区域平均值来估算目标变量。[④]

这种方法基于回归分析，即针对现有季度劳动力调查中最全面可用的指标对工时的影响，进行回归分析。此外，为了理解封锁对工时的时变影响，解释变量与二元变量相互作用，以说明所述期间是2020年第二季度，还是之后的时期。为了说明具体国家（地区）的影响（只

---

① 《谷歌社区人员流动报告》与牛津新冠肺炎政府反应严厉指数一起使用，以涵盖不同程度的防控措施。流动性变量仅对2020年第一季度进行了部分覆盖，因此只有严厉性和新冠肺炎发病率数据用于该季度的工时损失估计。关于流动性的数据源，可通过以下网址获得：https://www.google.com/covid19/mobility/。

② 根据严厉性数据，对缺失的流动性观测进行了估算。

③ 估算值仅基于新冠肺炎发病率的国家和地区包括：亚美尼亚、科摩罗、赤道几内亚、法属波利尼西亚、马尔代夫、新喀里多尼亚、圣卢西亚、圣文森特和格林纳丁斯、圣多美和普林西比、美属维尔京群岛、西撒哈拉。

④ 估算值基于详细的区域平均值的国家和地区包括：海峡群岛、朝鲜、萨摩亚。

要这些影响可以通过现有的劳动力调查观察到），根据过去几个季度观察到的每个国家（地区）的估计工时和基于劳动力调查得出的工时之间的差异，对估算值进行了修正。

就业、失业、劳动力和就业分布

总体而言，通过确定观察到的劳动力市场指标之间的统计关系参数，对2020年的劳动力市场指标进行估算，这些指标来自劳动力调查和解释变量。对68个国家（地区）的季度劳动力市场指标进行了观察。解释变量包括危机前的劳动力市场特征（非正式性；"住宿和餐饮服务"、"批发和零售业"和"其他服务"行业的就业；自营职业和无报酬家庭工作；失业率；社会保护覆盖面）、人均GDP、政府支出占GDP的比例，以及牛津新冠肺炎政府反应严厉指数。对于劳动力市场估算值，确定了大量统计关系，并对其样本外表现进行了测试。然后，在选择和加权用于预测劳动力市场指标的统计关系时，将考虑这一过程的结果，即交叉验证。

就总就业而言，工时损失百分比与就业损失百分比之间的关系被确定为上述解释变量的函数。从工时到就业的这种传递可大也可小，取决于各国的具体情况。随后估计了女性相对

男性的过多就业损失，以及青年相对于成人的过多就业损失。考虑到总就业损失的规模，这种过多就业损失成为决定各人口群体就业损失的独特因素。

就业损失必然等于失业人口增加量和经济不活跃人口增加量的相加之和。对失业人口和不活跃人口变化的比率进行了估算，以便同时确定这两者的情况。针对女性和男性的细分项，估算了女性失业率变化与男性失业率变化的比率，同样也估算了男性和女性不活跃的情况。然后对这些估算进行重新平衡，既要使失业和不活跃的总变化等于男性和女性的变化之和，也要使男性和女性就业的变化等于失业和不活跃的各自变化。类似的方法也适用于青年和成人的细分项。潜在劳动力的变化作为就业损失的函数加以估算，同时考虑到了劳动力变化估算值。

按行业、身份和职业划分的就业分布分别对每个类别进行了估算。例如，每个行业对总就业损失的贡献将根据总就业损失、行业就业占比和一组前文所述的解释变量进行估算。然后对这些个体就业损失进行调整，使隐含的就业损失总额等于在前一步中确定的就业损失总额。在按性别划分方面，待估算的目标变量是女性相对于男性的过多就业损失。

用于预测劳动力市场指标的模型

国际劳工组织开发了预测2021年和2022年工时、就业、失业、劳动力和潜在劳动力情况的模型。第一步，预测相对于无疫情情景的工时损失。第二步，利用工时损失预测值进一步预测相对于无疫情情景的就业损失。第三步，也是最后一步，预测就业损失的各个组成部分。

预测工时损失

2021年第一季度的工时估算建立在上述即

时预测模型的基础上。采用联合回归模型，估算2020年第二季度至第四季度危机期间工时损失与高频指标之间的关系。对于2021年第二季度，即时预测模型也用于在3月底或4月初加大防控措施力度以应对第三波疫情的国家（地区）。

危机复苏模型是其余国家（地区）截至2021年第二季度和所有国家（地区）截至第三季度工时预测的基础。该模型被规定为错误校正模型：

$$\Delta H\_(i, t) = \beta\_(0, i) + \beta\_(1, i) gap\_(i, t{-}1) + \beta\_(2) gap^2\_(i, t{-}1) + \beta\_(3) \Delta GDP\_(i, t)$$
$$\text{（1）}$$

缺口由相对工时与趋势之差得出：$gap\_(i, t) = h\_(i, t) - trend\_(i, t)$，其中趋势的演变为等式：
$$Trend\_(i, t) = (0.5 * Trend\_(i, t{-}1) + 0.5 * GAP\_GDP + g\_1 (h\_(i, t) - Trend\_(i, t{-}1))) ^ (g\_2)$$
$$\text{（2）}$$

相关变量 $\Delta H\_(i, t)$ 是相对于长期趋势的工时变化，假设截至2020年，该变化等于无疫情情景的估算值。缺口是指相对于长期趋势的工时，该项出现在等式（1）的一次方和二次方中。该模型中的危机复苏机制通过这一缺口运行，其中参数 $\beta\_(1, i)$ 和 $\beta\_(2)$ 的大小决定了当存在这样一个缺口时，工时增加以弥合缺口的速度。而且，缺口越大，工时的变化就越大。缺口是趋势的函数（模型是用相对项规定的，因此趋势的稳定状态为1）。为了得出疤痕或滞后结果，通过参数 g_1 来模拟趋势对缺口的反应，但该参数还有一个均值回复分量 g_2。此外，工时趋势也受到GDP与其危机前趋势相比所存在的缺口的影响，对于未能迅速恢复GDP损失的国家（地区）而言，这一缺口这将大大减缓其工时恢复的速度。GDP缺口将根据一国的收入水平调整，以纳入低收入国家（地区）就业韧性比高收入国家（地区）低得多这一事实。采用高平滑值的Hodrick-Prescott滤波，对工时的历史长期趋势进行了估算。

预测模型的参数尽可能以经验估算。利用多水平混合效应方法，以季度频率对截至2019年有合适数据的26个国家（地区）的式（1）进行估算，同时对缺口斜率参数的分布进行估算。这些估算是参数的基线估算，这实际上意味着复苏速度相对较慢。然而，由于新冠肺炎疫情相关限制措施大幅放松，一些国家（地区）在2020年以极快的速度复苏，这一高复苏速度参数也被纳入估算。已经取得的进展和一国人口接种疫苗的前景决定了估算基准平均值和适用于给定季度的高复苏速度参数的权重。对于已经在疫苗接种方面取得重大进展的国家（地区），[1]可以推断出接种疫苗次数与人口的比例将达到1.5（相当于为75%的人口接种了两次疫苗）的时间点。此外，已确认的疫苗交付合同与一国人口的比率越高，[2]高复苏速度参数的权重就越高。潜在的假设是，即使目前疫苗接种没有进展，只要可以获得大量疫苗，疫苗接种速度就会加快。

对于中等偏上收入国家（地区）和高收入国家（地区），疤痕参数设定为：$g\_1 = 0.05$ 和 $g\_2 = 0.9$；对于中等偏下收入国家（地区）和低收入国家（地区），该参数设定为：$g\_1 = 0.02$ 和 $g\_2 = 0.95$。这里的逻辑是，后两个收入组别国家（地区）的人更有可能选择低质量的就业机会。这并不意味着长期经济活动中断对这些工人造成的伤害会减少；相反，从事低质量工作的时间越长，就越难重新获得高质量的工作。

乐观和悲观情景与基线情景的不同之处在于，它们分别对复苏速度参数 β_1 进行了向上和向下调整。如果工人在产出缺口持续的情况下迅速恢复工作，就能提振需求和就业，复苏速度可能会加快。如果危机对潜在总需求和经济结构的长期影响比基线情景更严重，进一步降低了创造就业机会的潜力，复苏速度就会减缓。具体而言，将参数 β_1 向上或向下调整到其估计标准偏差的0.25倍，对应于其估计分布的第40百分位或第60百分位，而不是基线情景中使用的第50百分位。

GDP增长情景取自联合国2021年度《世界经济形势与展望》报告。在悲观情景下，2021年每季度的增长率要比报告中的基线预测低0.5个百分点，2022年则低了0.2个百分点，与报告

---

[1] 关于疫苗接种进展的数据来自Our World in Data。

[2] 关于已确认的疫苗交付合同的数据来自杜克大学全球健康创新中心领导的Launch and Scale Speedometer，该项目得到了比尔及梅琳达·盖茨基金会的支持。

中的不利情景一致。在乐观情景下，截至2021年第二季度，GDP增长将提高0.4个百分点，2022年将提高0.15个百分点。

预测就业损失

工时损失预测是相对于无疫情情景的就业损失预测的主要输入值。主要相关变量是损失率，即相对就业损失与相对工时损失的比率。这一损失率在许多国家（地区）都相当小，尤其是那些有全面休假计划的国家（地区）。然而，损失率很可能会随时间的推移而上升。首先，创造出的新工作岗位大幅减少，导致休假计划无法覆盖实际就业损失。其次，企业对哪些工作在长期内可行有了更好的理解，因此会采取裁员措施。

平均而言，在2020年第三季度至第四季度，损失率确实有所上升。将损失率的对数变换回归到工时损失，估算损失变化的速度；2021年和2022年将一直应用这种变化。结果是损失率的时间序列随着时间的推移而增加，并趋于统一。简而言之，预计工时损失有所下降，但它们在很大程度上转化为就业损失。总体而

言，相对于2021年的工时损失，预计2021年就业损失的规模很大，但2022年的就业损失会大幅下降。

预测失业、劳动力和潜在劳动力

失业、劳动力和潜在劳动力的变化都源于就业损失，这取决于人们是否正在找工作并且仍然能够上岗工作（失业），是否只满足这两个条件中的一个（潜在劳动力），或者是否都不适用（扩展劳动力）。在预测中，根据早期危机的历史数据，估算了因就业损失而离开劳动力队伍或成为潜在劳动力的情况。2021年，（潜在）劳动力变化和就业损失之间的关系是2020年关系和长期关系的加权平均。这意味着，危机时期劳动力的反应接近于更"正常"的反应，没有出现2020年的那种异常影响。2022年，就业损失和退出劳动力队伍之间的相关性进一步减弱，反映出人们重新进入劳动力市场寻找工作的事实。劳动力的预期演变与就业共同决定了失业的轨迹。

▶ 附录C. 按国家（地区）收入组别和按区域或次区域划分的世界劳动力市场指标表

C1. 世界

指标	单位	合计（15岁以上）						
		2005年	2010年	2015年	2019年	2020年	2021年	2022年
每周总工时（48小时全职等价工时）	百万小时	2 504	2 632	2 758	2 850	2 617	2 785	2 878
每周总工时与15~64岁人口的比率		28.4	27.8	27.4	27.2	24.7	26.1	26.7
劳动力	百万人	2 996	3 173	3 344	3 490	3 409	3 509	3 574
劳动力参与率	%	63.7	62.5	61.4	60.8	58.7	59.7	60.0
就业	百万人	2 819	2 986	3 156	3 303	3 189	3 289	3 369
就业人口比	%	60.0	58.8	57.9	57.6	54.9	55.9	56.6
失业人口	百万人	177	188	188	187	220	220	205
失业率	%	5.9	5.9	5.6	5.4	6.5	6.3	5.7
潜在劳动力	百万人	96	104	111	118	162	134	124
失业率和潜在劳动力的综合比率（LU3）	%	8.8	8.9	8.7	8.5	10.7	9.7	8.9
总劳动力利用不足	百万人	413	447	459	471			
劳动力利用不足综合率（LU4）	%	13.4	13.7	13.3	13.0			
有偿带薪工人	百万人	1 323	1 479	1 648	1 768	1 701		
自营职业者	百万人	1 496	1 507	1 508	1 535	1 488		
有偿带薪工人占比	%	46.9	49.5	52.2	53.5	53.3		
自营职业者占比	%	53.1	50.5	47.8	46.5	46.7		
需要低技能的职业	百万个	1 245	1 255	1 228	1 239	1 199		
需要中等技能的职业	百万个	1 086	1 174	1 298	1 382	1 317		
需要高技能的职业	百万个	488	556	630	682	673		
需要低技能的职业占比	%	44.2	42.0	38.9	37.5	37.6		
需要中等技能的职业占比	%	38.5	39.3	41.1	41.8	41.3		
需要高技能的职业占比	%	17.3	18.6	20.0	20.6	21.1		
极端工作贫困（按购买力平价计算每日不足1.90美元）	百万人	533	419	248	218	249		
中度工作贫困（按购买力平价计算每日1.90~3.20美元）	百万人	562	514	439	375	452		
极端工作贫困（按购买力平价计算每日不足1.90美元购买力平价）	%	18.9	14.0	7.8	6.6	7.8		
中度工作贫困（按购买力平价计算每日1.90~3.20美元）	%	19.9	17.2	13.9	11.4	14.2		

C1.世界（续）

指标	单位	女性		男性		青年		成人	
		2019年	2020年	2019年	2020年	2019年	2020年	2019年	2020年
劳动力	百万人	1 358	1 313	2 132	2 096	496	457	2 994	2 953
劳动力参与率	%	47.4	45.2	74.3	72.1	41.2	37.8	66.1	64.2
就业	百万人	1 283	1 229	2 020	1 960	429	390	2 874	2 799
就业人口比	%	44.7	42.3	70.4	67.5	35.6	32.2	63.4	60.8
失业人口	百万人	75	84	113	136	67	67	120	154
失业率	%	5.5	6.4	5.3	6.5	13.5	14.6	4.0	5.2
潜在劳动力	百万人	64	79	54	83	41	51	77	111
失业率和潜在劳动力的综合比率（LU3）	%	9.8	11.7	7.6	10.0	20.1	23.2	6.4	8.6
总劳动力利用不足	百万人	211		259		139		331	
劳动力利用不足综合率（LU4）	%	14.9		11.9		26.0		10.8	
有偿带薪工人	百万人	701	673	1 067	1 029				
自营职业者	百万人	582	557	952	931				
有偿带薪工人占比	%	54.6	54.7	52.8	52.5				
自营职业者占比	%	45.4	45.3	47.2	47.5				
需要低技能的职业	百万个	469	449	770	750				
需要中等技能的职业	百万个	517	484	865	833				
需要高技能的职业	百万个	297	296	385	377				
需要低技能的职业占比	%	36.6	36.5	38.1	38.3				
需要中等技能的职业占比	%	40.3	39.4	42.8	42.5				
需要高技能的职业占比	%	23.1	24.1	19.0	19.2				

C2.低收入国家（地区）

指标	单位	合计（15岁以上）						
		2005年	2010年	2015年	2019年	2020年	2021年	2022年
每周总工时（48小时全职等价工时）	百万小时	126	144	163	184	177	185	194
每周总工时与15~64岁人口的比率		24.3	23.9	23.6	23.5	21.9	22.7	23.2
劳动力	百万人	184	209	238	267	267	272	283
劳动力参与率	%	69.8	68.4	67.4	67.2	65.2	65.7	66.2
就业	百万人	175	198	226	254	253	258	268
就业人口比	%	66.3	64.9	64.0	63.9	61.7	62.2	62.7
失业人口	百万人	9	11	12	13	14	14	15
失业率	%	5.1	5.2	5.1	4.8	5.3	5.3	5.2
潜在劳动力	百万人	9	11	13	15	16	15	16
失业率和潜在劳动力的综合比率（LU3）	%	9.6	9.9	9.8	9.7	10.6	10.3	10.1
总劳动力利用不足	百万人	38	44	51	57			
劳动力利用不足综合率（LU4）	%	19.5	20.2	20.5	20.4			
有偿带薪工人	百万人	27	34	42	50	50		
自营职业者	百万人	143	158	177	197	197		
有偿带薪工人占比	%	15.7	17.5	19.2	20.2	20.1		
自营职业者占比	%	84.3	82.5	80.8	79.8	79.9		
需要低技能的职业	百万个	123	136	151	169	169		
需要中等技能的职业	百万个	38	46	55	63	63		
需要高技能的职业	百万个	8	11	13	15	15		
需要低技能的职业占比	%	72.7	70.5	68.8	68.5	68.6		
需要中等技能的职业占比	%	22.4	24.0	25.1	25.6	25.5		
需要高技能的职业占比	%	4.9	5.5	6.1	6.0	5.9		
极端工作贫困（按购买力平价计算每日不足1.90美元）	百万人	89	90	93	99	107		
中度工作贫困（按购买力平价计算每日1.90~3.20美元）	百万人	42	50	62	69	75		
极端工作贫困（按购买力平价计算每日不足1.90美元）	%	50.8	45.5	41.2	39.1	42.5		
中度工作贫困（按购买力平价计算每日1.90~3.20美元）	%	23.8	25.2	27.4	27.0	29.6		

C2.低收入国家（地区）（续）

指标	单位	女性		男性		青年		成人	
		2019年	2020年	2019年	2020年	2019年	2020年	2019年	2020年
劳动力	百万人	117.5	115.9	149.5	151.4	70.5	68.4	196.5	198.9
劳动力参与率	%	58.2	55.7	76.4	75.0	51.1	48.3	75.7	74.1
就业	百万人	111.7	109.8	142.4	143.3	64.9	62.4	189.2	190.7
就业人口比	%	55.4	52.8	72.8	71.0	47.1	44.1	72.9	71.1
失业人口	百万人	5.7	6.1	7.1	8.1	5.6	6.0	7.2	8.2
失业率	%	4.9	5.3	4.8	5.3	8.0	8.7	3.7	4.1
潜在劳动力	百万人	8.8	9.3	5.7	6.5	6.7	7.2	7.9	8.6
失业率和潜在劳动力的综合比率（LU3）	%	11.5	12.3	8.3	9.2	15.9	17.5	7.4	8.1
总劳动力利用不足	百万人	29.0		28.3		21.2		36.1	
劳动力利用不足综合率（LU4）	%	23.0		18.2		27.5		17.7	
有偿带薪工人	百万人	15	14	35	35				
自营职业者	百万人	94	92	104	105				
有偿带薪工人占比	%	13.6	13.5	25.4	25.1				
自营职业者占比	%	86.4	86.5	74.6	74.9				
需要低技能的职业	百万个	78	77	91	92				
需要中等技能的职业	百万个	26	25	38	38				
需要高技能的职业	百万个	5	4	10	10				
需要低技能的职业占比	%	72.2	72.4	65.6	65.6				
需要中等技能的职业占比	%	23.6	23.5	27.1	27.1				
需要高技能的职业占比	%	4.2	4.2	7.4	7.3				

C3.中等偏下收入国家（地区）

指标	单位	合计（15岁以上）						
		2005年	2010年	2015年	2019年	2020年	2021年	2022年
每周总工时（48小时全职等价工时）	百万小时	775	843	897	949	854	946	984
每周总工时与15~64岁人口的比率		26.1	25.6	24.8	24.5	21.7	23.6	24.1
劳动力	百万人	913	980	1 043	1 106	1 071	1 133	1 162
劳动力参与率	%	59.6	57.6	55.6	54.7	52.0	53.9	54.3
就业	百万人	867	933	990	1 050	1 003	1 067	1 098
就业人口比	%	56.6	54.8	52.7	52.0	48.8	50.7	51.3
失业人口	百万人	47	47	53	56	67	66	64
失业率	%	5.1	4.8	5.1	5.1	6.3	5.9	5.5
潜在劳动力	百万人	21	24	27	30	45	36	33
失业率和潜在劳动力的综合比率（LU3）	%	7.2	7.1	7.5	7.6	10.1	8.7	8.1
总劳动力利用不足	百万人	108	115	125	133			
劳动力利用不足综合率（LU4）	%	11.6	11.4	11.7	11.7			
有偿带薪工人	百万人	224	262	316	366	343		
自营职业者	百万人	648	677	680	690	667		
有偿带薪工人占比	%	25.7	27.9	31.7	34.7	34.0		
自营职业者占比	%	74.3	72.1	68.3	65.3	66.0		
需要低技能的职业	百万个	507	542	529	540	518		
需要中等技能的职业	百万个	270	272	318	353	336		
需要高技能的职业	百万个	95	125	149	164	157		
需要低技能的职业占比	%	58.2	57.7	53.2	51.1	51.2		
需要中等技能的职业占比	%	30.9	28.9	31.9	33.4	33.2		
需要高技能的职业占比	%	10.9	13.3	15.0	15.5	15.5		
极端工作贫困（按购买力平价计算每日不足1.90美元）	百万人	266	206	135	104	125		
中度工作贫困（按购买力平价计算每日1.90~3.20美元）	百万人	287	299	281	249	306		
极端工作贫困（按购买力平价计算每日不足1.90美元）	%	30.7	22.1	13.6	9.9	12.5		
中度工作贫困（按购买力平价计算每日1.90~3.20美元）	%	33.2	32.1	28.4	23.7	30.5		

C3.中等偏下收入国家（地区）（续）

指标	单位	女性		男性		青年		成人	
		2019年	2020年	2019年	2020年	2019年	2020年	2019年	2020年
劳动力	百万人	333	316	773	754	183	162	922	909
劳动力参与率	%	33.4	31.1	75.5	72.4	34.9	30.5	61.7	59.5
就业	百万人	315	298	735	705	156	137	894	867
就业人口比	%	31.6	29.4	71.8	67.7	29.6	25.8	59.8	56.8
失业人口	百万人	18	18	38	49	28	25	28	42
失业率	%	5.3	5.8	4.9	6.5	15.1	15.4	3.0	4.6
潜在劳动力	百万人	16	19	15	26	14	18	17	27
失业率和潜在劳动力的综合比率（LU3）	%	9.6	11.1	6.7	9.6	21.0	23.8	4.8	7.4
总劳动力利用不足	百万人	49		84		51		82	
劳动力利用不足综合率（LU4）	%	14.1		10.6		25.7		8.8	
有偿带薪工人	百万人	103	96	264	247				
自营职业者	百万人	216	205	474	461				
有偿带薪工人占比	%	32.2	32.0	35.8	34.9				
自营职业者占比	%	67.8	68.0	64.2	65.1				
需要低技能的职业	百万个	178	168	362	350				
需要中等技能的职业	百万个	87	82	266	254				
需要高技能的职业	百万个	54	52	109	105				
需要低技能的职业占比	%	55.7	55.7	49.1	49.3				
需要中等技能的职业占比	%	27.3	27.2	36.1	35.8				
需要高技能的职业占比	%	17.0	17.1	14.8	14.8				

C4.中等偏上收入国家（地区）

指标	单位	合计（15岁以上）						
		2005年	2010年	2015年	2019年	2020年	2021年	2022年
每周总工时（48小时全职等价工时）	百万小时	1 179	1 217	1 251	1 251	1 159	1 209	1 240
每周总工时与15~64岁人口的比率		31.7	30.9	30.5	30.1	27.8	28.9	29.6
劳动力	百万人	1 338	1 397	1 455	1 489	1 449	1 476	1 497
劳动力参与率	%	67.8	66.6	65.9	65.1	62.9	63.5	64.0
就业	百万人	1 255	1 316	1 372	1 400	1 352	1 373	1 402
就业人口比	%	63.5	62.7	62.1	61.2	58.7	59.1	59.9
失业人口	百万人	83	81	82	89	97	103	95
失业率	%	6.2	5.8	5.7	6.0	6.7	7.0	6.4
潜在劳动力	百万人	48	51	53	56	81	64	58
失业率和潜在劳动力的综合比率（LU3）	%	9.5	9.1	9.0	9.4	11.6	10.9	9.9
总劳动力利用不足	百万人	196	199	200	214			
劳动力利用不足综合率（LU4）	%	14.1	13.7	13.3	13.9			
有偿带薪工人	百万人	628	720	795	828	800		
自营职业者	百万人	627	597	577	573	553		
有偿带薪工人占比	%	50.0	54.7	58.0	59.1	59.1		
自营职业者占比	%	50.0	45.3	42.0	40.9	40.9		
需要低技能的职业	百万个	547	509	476	457	441		
需要中等技能的职业	百万个	520	598	657	689	661		
需要高技能的职业	百万个	188	209	239	254	251		
需要低技能的职业占比	%	43.6	38.7	34.7	32.6	32.6		
需要中等技能的职业占比	%	41.4	45.4	47.9	49.2	48.9		
需要高技能的职业占比	%	14.9	15.9	17.4	18.2	18.5		
极端工作贫困（按购买力平价计算每日不足1.90美元）	百万人	178	122	20	15	19		
中度工作贫困（按购买力平价计算每日1.90~3.20美元）	百万人	233	165	96	57	72		
极端工作贫困（按购买力平价计算每日不足1.90美元）	%	14.2	9.3	1.4	1.0	1.4		
中度工作贫困（按购买力平价计算每日1.90~3.20美元）	%	18.5	12.5	7.0	4.1	5.3		

C4.中等偏上收入国家（地区）（续）

指标	单位	女性		男性		青年		成人	
		2019年	2020年	2019年	2020年	2019年	2020年	2019年	2020年
劳动力	百万人	629	606	860	843	177	164	1 312	1 285
劳动力参与率	%	54.8	52.3	75.5	73.5	44.5	41.5	69.5	67.3
就业	百万人	592	566	809	787	150	137	1 250	1 215
就业人口比	%	51.6	48.9	71.0	68.5	37.8	34.7	66.2	63.6
失业人口	百万人	37	40	51	57	27	27	62	70
失业率	%	5.9	6.6	6.0	6.7	15.1	16.2	4.7	5.5
潜在劳动力	百万人	30	40	26	41	16	22	40	59
失业率和潜在劳动力的综合比率（LU3）	%	10.2	12.4	8.7	11.0	22.3	26.0	7.5	9.6
总劳动力利用不足	百万人	99		115		53		161	
劳动力利用不足综合率（LU4）	%	15.1		13.0		27.6		11.9	
有偿带薪工人	百万人	346	332	482	468				
自营职业者	百万人	246	234	327	319				
有偿带薪工人占比	%	58.4	58.7	59.6	59.5				
自营职业者占比	%	41.6	41.3	40.4	40.5				
需要低技能的职业	百万个	185	176	272	264				
需要中等技能的职业	百万个	288	270	402	391				
需要高技能的职业	百万个	120	119	135	132				
需要低技能的职业占比	%	31.2	31.2	33.7	33.6				
需要中等技能的职业占比	%	48.6	47.8	49.7	49.7				
需要高技能的职业占比	%	20.2	21.0	16.6	16.7				

C5.高收入国家（地区）

指标	单位	合计（15岁以上）							
		2005年	2010年	2015年	2019年	2020年	2021年	2022年	
每周总工时（48小时全职等价工时）	百万小时	424	429	447	466	427	445	460	
每周总工时与15~64岁人口的比率		26.6	25.9	26.7	27.8	25.4	26.5	27.5	
劳动力	百万人	560	587	608	629	622	628	633	
劳动力参与率	%	60.3	60.3	60.2	60.9	60.1	60.3	60.5	
就业	百万人	523	539	568	598	580	591	601	
就业人口比	%	56.2	55.3	56.3	58.0	56.0	56.8	57.5	
失业人口	百万人	37	48	40	30	42	37	31	
失业率	%	6.7	8.2	6.6	4.8	6.8	5.8	5.0	
潜在劳动力	百万人	17	19	19	17	20	18	17	
失业率和潜在劳动力的综合比率（LU3）	%	9.4	11.0	9.5	7.2	9.7	8.5	7.4	
总劳动力利用不足	百万人	71	90	82	66				
劳动力利用不足综合率（LU4）	%	12.4	14.8	13.1	10.3				
有偿带薪工人	百万人	444	463	494	524	509			
自营职业者	百万人	79	75	74	74	72			
有偿带薪工人占比	%	84.9	86.0	87.0	87.6	87.6			
自营职业者占比	%	15.1	14.0	13.0	12.4	12.4			
需要低技能的职业	百万个	68	69	71	73	71			
需要中等技能的职业	百万个	258	259	268	277	258			
需要高技能的职业	百万个	197	212	229	249	251			
需要低技能的职业占比	%	12.9	12.7	12.5	12.2	12.3			
需要中等技能的职业占比	%	49.4	48.0	47.2	46.2	44.5			
需要高技能的职业占比	%	37.6	39.3	40.3	41.6	43.2			

C5.高收入国家（地区）（续）

指标	单位	女性		男性		青年		成人	
		2019年	2020年	2019年	2020年	2019年	2020年	2019年	2020年
劳动力	百万	278.4	275.3	350.1	347.2	65.7	62.7	562.9	559.8
劳动力参与率	%	53.5	52.6	68.5	67.6	45.9	44.2	63.3	62.6
就业	百万人	264.4	255.5	334.1	324.7	58.5	53.3	540.0	526.9
就业人口比	%	50.7	48.8	65.4	63.3	40.9	37.6	60.8	58.9
失业人口	百万人	14.1	19.8	16.0	22.5	7.2	9.3	22.9	32.9
失业率	%	5.1	7.2	4.6	6.5	10.9	14.9	4.1	5.9
潜在劳动力	百万人	9.2	10.9	7.5	9.4	3.9	4.6	12.8	15.8
失业率和潜在劳动力的综合比率（LU3）	%	8.1	10.7	6.6	8.9	16.0	20.7	6.2	8.5
总劳动力利用不足	百万人	33.8		32.4		14.1		52.2	
劳动力利用不足综合率（LU4）	%	11.8		9.1		20.2		9.1	
有偿带薪工人	百万人	238	230	286	279				
自营职业者	百万人	26	26	48	46				
有偿带薪工人占比	%	90.1	90.0	85.6	85.8				
自营职业者占比	%	9.9	10.0	14.4	14.2				
需要低技能的职业	百万个	29	28	44	44				
需要中等技能的职业	百万个	117	107	160	151				
需要高技能的职业	百万个	119	121	130	130				
需要低技能的职业占比	%	10.9	10.8	13.2	13.5				
需要中等技能的职业占比	%	44.3	41.9	47.8	46.5				
需要高技能的职业占比	%	44.8	47.3	39.0	40.0				

C6. 非洲

指标	单位	合计（15岁以上）						
		2005年	2010年	2015年	2019年	2020年	2021年	2022年
每周总工时（48小时全职等价工时）	百万小时	252	291	326	362	343	366	386
每周总工时与15~64岁人口的比率		24.1	24.3	23.9	23.7	21.9	22.7	23.3
劳动力	百万人	344	391	439	491	488	510	529
劳动力参与率	%	64.7	64.4	63.2	63.2	61.1	62.0	62.6
就业	百万人	320	366	410	457	453	471	491
就业人口比	%	60.1	60.2	59.0	58.8	56.7	57.4	58.1
失业人口	百万人	24	26	29	34	35	38	38
失业率	%	7.1	6.5	6.7	6.8	7.2	7.5	7.2
潜在劳动力	百万人	23	24	27	31	36	34	34
失业率和潜在劳动力的综合比率（LU3）	%	12.9	11.9	12.1	12.4	13.6	13.4	12.8
总劳动力利用不足	百万人	78	86	99	112			
劳动力利用不足综合率（LU4）	%	21.3	20.7	21.3	21.5			
有偿带薪工人	百万人	79	98	117	137	134		
自营职业者	百万人	241	268	293	320	319		
有偿带薪工人占比	%	24.6	26.8	28.6	29.9	29.7		
自营职业者占比	%	75.4	73.2	71.4	70.1	70.3		
需要低技能的职业	百万个	201	224	243	270	269		
需要中等技能的职业	百万个	81	97	116	133	131		
需要高技能的职业	百万个	38	45	51	54	53		
需要低技能的职业占比	%	62.7	61.2	59.2	59.0	59.4		
需要中等技能的职业占比	%	25.5	26.6	28.4	29.1	28.8		
需要高技能的职业占比	%	11.8	12.2	12.3	11.9	11.8		
极端工作贫困（按购买力平价计算每日不足1.90美元）	百万人	138	141	138	145	154		
中度工作贫困（按购买力平价计算每日1.90~3.20美元）	百万人	73	83	97	110	119		
极端工作贫困（按购买力平价计算每日不足1.90美元）	%	43.3	38.6	33.6	31.8	34.0		
中度工作贫困（按购买力平价计算每日1.90~3.20美元）	%	22.7	22.7	23.6	24.1	26.2		

C6.非洲（续）

指标	单位	女性		男性		青年		成人	
		2019年	2020年	2019年	2020年	2019年	2020年	2019年	2020年
劳动力	百万人	212	209	279	280	112	109	378	379
劳动力参与率	%	54.0	51.7	72.5	70.8	44.6	42.3	72.0	70.1
就业	百万人	197	193	260	260	100	96	357	357
就业人口比	%	50.1	47.8	67.8	65.8	39.7	37.3	68.0	66.0
失业人口	百万人	15	16	18	20	13	13	21	22
失业率	%	7.3	7.6	6.5	7.0	11.2	11.8	5.5	5.9
潜在劳动力	百万人	19	20	12	15	13	14	18	22
失业率和潜在劳动力的综合比率（LU3）	%	14.7	15.8	10.5	11.8	20.2	22.0	9.9	11.0
总劳动力利用不足	百万人	57		55		38		74	
劳动力利用不足综合率（LU4）	%	24.8		18.9		30.4		18.7	
有偿带薪工人	百万人	42	41	95	93				
自营职业者	百万人	154	152	166	167				
有偿带薪工人占比	%	21.4	21.4	36.3	35.9				
自营职业者占比	%	78.6	78.6	63.7	64.1				
需要低技能的职业	百万个	124	122	146	147				
需要中等技能的职业	百万个	51	49	82	81				
需要高技能的职业	百万个	22	21	32	32				
需要低技能的职业占比	%	63.0	63.4	56.0	56.4				
需要中等技能的职业占比	%	25.9	25.5	31.6	31.3				
需要高技能的职业占比	%	11.2	11.1	12.5	12.3				

C7. 北非

指标	单位	合计（15岁以上）						
		2005年	2010年	2015年	2019年	2020年	2021年	2022年
每周总工时（48小时全职等价工时）	百万小时	46	54	56	59	54	58	61
每周总工时与15~64岁人口的比率		19.3	20.4	19.4	19.1	17.1	18.1	18.8
劳动力	百万人	58.2	65.9	70.8	73.8	71.9	74.9	77.1
劳动力参与率	%	47.0	47.8	46.8	45.3	43.4	44.3	44.8
就业	百万人	50.7	58.9	61.5	65.1	62.8	65.2	67.7
就业人口比	%	41.0	42.8	40.7	40.0	37.9	38.6	39.3
失业人口	百万人	7.5	7.0	9.3	8.7	9.1	9.7	9.4
失业率	%	12.8	10.6	13.1	11.7	12.7	12.9	12.2
潜在劳动力	百万人	7.1	7.4	8.7	9.0	10.5	9.7	9.5
失业率和潜在劳动力的综合比率（LU3）	%	22.3	19.6	22.6	21.3	23.9	23.0	21.8
总劳动力利用不足	百万人	17.6	17.8	21.5	21.1			
劳动力利用不足综合率（LU4）	%	26.9	24.3	27.1	25.5			
有偿带薪工人	百万人	28	34	36	41	39		
自营职业者	百万人	23	25	25	24	23		
有偿带薪工人占比	%	55.0	57.7	59.0	62.4	62.7		
自营职业者占比	%	45.0	42.3	41.0	37.6	37.3		
需要低技能的职业	百万个	22	25	23	24	23		
需要中等技能的职业	百万个	18	23	25	28	26		
需要高技能的职业	百万个	10	11	14	13	13		
需要低技能的职业占比	%	43.5	41.9	36.7	36.6	37.4		
需要中等技能的职业占比	%	36.4	39.2	41.1	43.0	42.2		
需要高技能的职业占比	%	20.1	18.9	22.2	20.4	20.4		
极端工作贫困（按购买力平价计算每日不足1.90美元）	百万人	3	2	1	1	2		
中度工作贫困（按购买力平价计算每日1.90~3.20美元）	百万人	10	9	7	9	11		
极端工作贫困（按购买力平价计算每日不足1.90美元）	%	5.2	2.9	1.6	2.3	2.5		
中度工作贫困（按购买力平价计算每日1.90~3.20美元）	%	19.8	14.5	11.4	14.6	17.4		

C7.北非（续）

指标	单位	女性		男性		青年		成人	
		2019年	2020年	2019年	2020年	2019年	2020年	2019年	2020年
劳动力	百万人	17.4	16.8	56.4	55.2	10.3	9.6	63.5	62.4
劳动力参与率	%	21.3	20.1	69.6	66.9	25.5	23.5	51.9	49.9
就业	百万人	13.7	12.9	51.4	49.9	7.4	6.5	57.7	56.3
就业人口比	%	16.8	15.5	63.5	60.4	18.3	16.1	47.2	45.0
失业人口	百万人	3.7	3.8	5.0	5.3	2.9	3.0	5.7	6.1
失业率	%	21.2	22.8	8.8	9.7	28.5	31.5	9.0	9.8
潜在劳动力	百万人	5.1	5.5	3.9	5.0	3.1	3.5	5.9	7.1
失业率和潜在劳动力的综合比率（LU3）	%	39.0	41.9	14.7	17.2	44.9	49.8	16.8	19.0
总劳动力利用不足	百万人	9.4		11.7		6.7		14.4	
劳动力利用不足综合率（LU4）	%	41.9		19.4		50.3		20.8	
有偿带薪工人	百万人	8	8	33	32				
自营职业者	百万人	6	5	19	18				
有偿带薪工人占比	%	59.1	60.4	63.3	63.2				
自营职业者占比	%	40.9	39.6	36.7	36.8				
需要低技能的职业	百万个	6	6	17	17				
需要中等技能的职业	百万个	4	3	25	23				
需要高技能的职业	百万个	4	4	9	9				
需要低技能的职业占比	%	46.7	47.6	33.9	34.7				
需要中等技能的职业占比	%	25.6	24.2	47.7	46.9				
需要高技能的职业占比	%	27.7	28.1	18.4	18.5				

C8. 撒哈拉以南非洲

指标	单位	合计（15岁以上）						
		2005年	2010年	2015年	2019年	2020年	2021年	2022年
每周总工时（48小时全职等价工时）	百万小时	206	236	270	303	289	307	325
每周总工时与15~64岁人口的比率		25.5	25.5	25.1	24.9	23.1	23.9	24.5
劳动力	百万人	286	325	368	417	416	435	452
劳动力参与率	%	70.1	69.3	67.7	67.9	65.8	66.6	67.2
就业	百万人	269	307	348	392	390	406	423
就业人口比	%	65.9	65.3	64.0	63.8	61.6	62.2	62.9
失业人口	百万人	17	19	20	25	26	29	29
失业率	%	5.9	5.7	5.4	6.0	6.3	6.6	6.4
潜在劳动力	百万人	16	16	18	22	25	24	24
失业率和潜在劳动力的综合比率（LU3）	%	10.9	10.2	10.0	10.7	11.7	11.6	11.1
总劳动力利用不足	百万人	61	68	78	91			
劳动力利用不足综合率（LU4）	%	20.1	20.0	20.1	20.7			
有偿带薪工人	百万人	51	64	81	96	95		
自营职业者	百万人	218	243	268	296	295		
有偿带薪工人占比	%	18.9	20.9	23.2	24.5	24.3		
自营职业者占比	%	81.1	79.1	76.8	75.5	75.7		
需要低技能的职业	百万个	178	199	220	246	246		
需要中等技能的职业	百万个	63	74	91	105	104		
需要高技能的职业	百万个	27	34	37	41	41		
需要低技能的职业占比	%	66.4	64.9	63.2	62.7	62.9		
需要中等技能的职业占比	%	23.4	24.1	26.2	26.8	26.7		
需要高技能的职业占比	%	10.2	10.9	10.6	10.5	10.4		
极端工作贫困（按购买力平价计算每日不足1.90美元）	百万人	136	140	137	144	153		
中度工作贫困（按购买力平价计算每日1.90~3.20美元）	百万人	63	74	90	100	108		
极端工作贫困（按购买力平价计算每日不足1.90美元）	%	50.5	45.5	39.2	36.7	39.1		
中度工作贫困（按购买力平价计算每日1.90~3.20美元）	%	23.3	24.3	25.7	25.6	27.6		

C8.撒哈拉以南非洲（续）

指标	单位	女性		男性		青年		成人	
		2019年	2020年	2019年	2020年	2019年	2020年	2019年	2020年
劳动力	百万人	194.6	192.0	222.2	224.5	102.0	99.6	314.7	316.9
劳动力参与率	%	62.6	59.9	73.3	71.8	48.3	45.8	78.2	76.3
就业	百万人	182.9	180.0	209.0	210.2	92.4	89.7	299.5	300.6
就业人口比	%	58.9	56.2	69.0	67.2	43.7	41.2	74.4	72.3
失业人口	百万人	11.7	12.0	13.2	14.2	9.6	9.9	15.2	16.3
失业率	%	6.0	6.3	5.9	6.3	9.4	9.9	4.8	5.2
潜在劳动力	百万人	13.4	15.0	8.5	10.3	9.5	10.7	12.4	14.6
失业率和潜在劳动力的综合比率（LU3）	%	12.1	13.0	9.4	10.5	17.2	18.7	8.4	9.3
总劳动力利用不足	百万人	47.7		43.3		31.2		59.7	
劳动力利用不足综合率（LU4）	%	22.9		18.8		28.0		18.3	
有偿带薪工人	百万人	34	33	62	62				
自营职业者	百万人	149	147	147	148				
有偿带薪工人占比	%	18.6	18.6	29.7	29.4				
自营职业者占比	%	81.4	81.4	70.3	70.6				
需要低技能的职业	百万个	117	116	128	129				
需要中等技能的职业	百万个	47	46	58	58				
需要高技能的职业	百万个	18	18	23	23				
需要低技能的职业占比	%	64.2	64.5	61.4	61.6				
需要中等技能的职业占比	%	25.9	25.6	27.6	27.6				
需要高技能的职业占比	%	9.9	9.8	11.0	10.8				

C9. 拉丁美洲和加勒比地区

指标	单位	合计（15岁以上）						
		2005年	2010年	2015年	2019年	2020年	2021年	2022年
每周总工时（48小时全职等价工时）	百万小时	196	212	227	237	201	221	239
每周总工时与15~64岁人口的比率		26.5	26.4	26.3	26.2	22.0	24.0	25.8
劳动力	百万人	250	273	295	315	292	309	324
劳动力参与率	%	64.1	64.0	63.8	64.3	58.9	61.5	63.7
就业	百万人	230	254	275	290	262	275	295
就业人口比	%	59.1	59.5	59.6	59.2	52.9	54.7	58.1
失业人口	百万人	20	19	20	25	30	34	29
失业率	%	7.9	6.9	6.7	8.0	10.3	11.1	8.9
潜在劳动力	百万人	12	13	13	16	23	20	17
失业率和潜在劳动力的综合比率（LU3）	%	12.2	11.2	10.6	12.5	16.7	16.5	13.5
总劳动力利用不足	百万人	51	53	52	66			
劳动力利用不足综合率（LU4）	%	19.6	18.5	17.0	20.0			
有偿带薪工人	百万人	139	160	175	180	162		
自营职业者	百万人	90	94	100	110	100		
有偿带薪工人占比	%	60.7	62.9	63.7	62.1	61.9		
自营职业者占比	%	39.3	37.1	36.3	37.9	38.1		
需要低技能的职业	百万个	75	77	79	82	74		
需要中等技能的职业	百万个	109	124	139	148	132		
需要高技能的职业	百万个	46	52	57	60	57		
需要低技能的职业占比	%	32.7	30.5	28.5	28.3	28.2		
需要中等技能的职业占比	%	47.4	48.9	50.6	51.0	50.1		
需要高技能的职业占比	%	19.8	20.6	20.9	20.7	21.7		
极端工作贫困（按购买力平价计算每日不足1.90美元）	百万人	15	9	7	9	10		
中度工作贫困（按购买力平价计算每日1.90~3.20美元）	百万人	21	16	13	14	18		
极端工作贫困（按购买力平价计算每日不足1.90美元）	%	6.5	3.6	2.5	3.0	3.8		
中度工作贫困（按购买力平价计算每日1.90~3.20美元）	%	9.2	6.3	4.7	5.0	6.8		

C9.拉丁美洲和加勒比地区（续）

指标	单位	女性		男性		青年		成人	
		2019年	2020年	2019年	2020年	2019年	2020年	2019年	2020年
劳动力	百万人	132.2	120.0	182.7	172.3	53.2	46.4	261.7	245.9
劳动力参与率	%	52.5	47.1	76.8	71.5	49.4	43.2	68.5	63.2
就业	百万人	119.6	105.7	170.2	156.6	43.6	36.7	246.2	225.6
就业人口比	%	47.5	41.4	71.5	65.0	40.5	34.2	64.5	58.0
失业人口	百万人	12.6	14.3	12.5	15.7	9.6	9.7	15.5	20.4
失业率	%	9.5	12.0	6.9	9.1	18.0	20.8	5.9	8.3
潜在劳动力	百万人	10.2	13.1	6.0	9.5	6.0	7.7	10.2	15.0
失业率和潜在劳动力的综合比率（LU3）	%	16.0	20.6	9.8	13.9	26.3	32.0	9.5	13.6
总劳动力利用不足	百万人	34.6		31.6		20.3		46.0	
劳动力利用不足综合率（LU4）	%	24.3		16.8		34.3		16.9	
有偿带薪工人	百万人	76	68	104	95				
自营职业者	百万人	44	38	66	62				
有偿带薪工人占比	%	63.4	64.0	61.2	60.4				
自营职业者占比	%	36.6	36.0	38.8	39.6				
需要低技能的职业	百万个	29	25	53	49				
需要中等技能的职业	百万个	62	53	86	79				
需要高技能的职业	百万个	29	28	31	29				
需要低技能的职业占比	%	24.4	23.8	31.1	31.1				
需要中等技能的职业占比	%	51.5	50.0	50.7	50.3				
需要高技能的职业占比	%	24.1	26.3	18.2	18.6				

C10.北美洲

指标	单位	合计（15岁以上）						
		2005年	2010年	2015年	2019年	2020年	2021年	2022年
每周总工时（48小时全职等价工时）	百万小时	122	118	129	137	124	134	137
每周总工时与15~64岁人口的比率		26.7	24.7	26.1	27.5	24.9	26.7	27.3
劳动力	百万人	169	176	181	188	186	189	191
劳动力参与率	%	65.2	63.9	62.4	62.9	61.7	62.1	62.4
就业	百万人	161	159	171	181	171	179	184
就业人口比	%	61.8	57.8	59.0	60.4	56.5	58.8	60.0
失业人口	百万人	9	17	10	7	16	10	7
失业率	%	5.3	9.5	5.5	3.9	8.4	5.3	3.9
潜在劳动力	百万人	2	2	2	2	2	2	2
失业率和潜在劳动力的综合比率（LU3）	%	6.2	10.7	6.5	4.7	9.5	6.2	4.6
总劳动力利用不足	百万人	12	21	14	10			
劳动力利用不足综合率（LU4）	%	7.1	12.0	7.4	5.4			
有偿带薪工人	百万人	147	146	158	168	158		
自营职业者	百万人	13	13	13	13	12		
有偿带薪工人占比	%	91.7	92.0	92.6	92.9	92.8		
自营职业者占比	%	8.3	8.0	7.4	7.1	7.2		
需要低技能的职业	百万个	15	15	17	18	19		
需要中等技能的职业	百万个	75	72	75	77	66		
需要高技能的职业	百万个	70	72	79	86	86		
需要低技能的职业占比	%	9.6	9.5	9.8	10.0	11.0		
需要中等技能的职业占比	%	47.0	45.2	43.8	42.3	38.6		
需要高技能的职业占比	%	43.4	45.4	46.3	47.7	50.5		

C10.北美洲（续）

指标	单位	女性		男性		青年		成人	
		2019年	2020年	2019年	2020年	2019年	2020年	2019年	2020年
劳动力	百万人	87.2	86.0	101.2	100.2	25.7	24.4	162.6	161.8
劳动力参与率	%	57.2	56.0	68.8	67.5	53.5	51.1	64.7	63.7
就业	百万人	83.9	78.6	97.2	92.0	23.5	20.7	157.5	149.9
就业人口比	%	55.0	51.2	66.0	62.0	48.9	43.2	62.6	59.0
失业人口	百万人	3.3	7.5	4.0	8.3	2.2	3.8	5.1	11.9
失业率	%	3.8	8.7	4.0	8.2	8.6	15.4	3.1	7.4
潜在劳动力	百万人	0.8	1.0	0.8	1.1	0.6	0.7	1.0	1.4
失业率和潜在劳动力的综合比率（LU3）	%	4.6	9.7	4.7	9.3	10.6	17.8	3.7	8.2
总劳动力利用不足	百万人	4.7		5.6		3.0		7.3	
劳动力利用不足综合率（LU4）	%	5.3		5.5		11.6		4.4	
有偿带薪工人	百万人	79	74	89	85				
自营职业者	百万人	5	5	8	7				
有偿带薪工人占比	%	94.2	93.8	91.9	92.0				
自营职业者占比	%	5.8	6.2	8.1	8.0				
需要低技能的职业	百万个	5	5	13	13				
需要中等技能的职业	百万个	36	29	41	36				
需要高技能的职业	百万个	43	44	43	42				
需要低技能的职业占比	%	6.3	6.8	13.2	14.5				
需要中等技能的职业占比	%	42.5	37.3	42.2	39.7				
需要高技能的职业占比	%	51.2	55.9	44.6	45.8				

C11.阿拉伯国家

指标	单位	合计（15岁以上）						
		2005年	2010年	2015年	2019年	2020年	2021年	2022年
每周总工时（48小时全职等价工时）	百万小时	30	39	46	50	46	49	52
每周总工时与15~64岁人口的比率		21.2	22.4	22.3	22.1	20.1	21.0	21.6
劳动力	百万人	34.1	44.0	53.4	58.4	58.2	60.3	62.1
劳动力参与率	%	48.3	49.8	51.4	51.3	50.1	50.6	50.8
就业	百万人	31.4	40.9	49.5	53.6	52.5	54.6	56.6
就业人口比	%	44.4	46.3	47.6	47.1	45.1	45.8	46.3
失业人口	百万人	2.7	3.1	4.0	4.7	5.8	5.7	5.5
失业率	%	8.0	7.1	7.4	8.1	9.9	9.5	8.9
潜在劳动力	百万人	2.9	3.4	4.0	4.5	5.6	5.1	4.9
失业率和潜在劳动力的综合比率（LU3）	%	15.2	13.8	13.9	14.7	17.9	16.5	15.6
总劳动力利用不足	百万人	7.4	9.0	11.0	12.6			
劳动力利用不足综合率（LU4）	%	20.1	19.0	19.2	20.0			
有偿带薪工人	百万人	24	33	41	44	43		
自营职业者	百万人	8	8	9	10	10		
有偿带薪工人占比	%	75.0	80.1	81.9	81.7	81.8		
自营职业者占比	%	25.0	19.9	18.1	18.3	18.2		
需要低技能的职业	百万个	8	9	12	13	13		
需要中等技能的职业	百万个	17	22	25	27	26		
需要高技能的职业	百万个	7	10	13	14	14		
需要低技能的职业占比	%	24.4	22.9	24.1	24.4	25.0		
需要中等技能的职业占比	%	53.5	53.9	50.3	50.4	49.2		
需要高技能的职业占比	%	22.1	23.3	25.7	25.2	25.8		
极端工作贫困（按购买力平价计算每日不足1.90美元）	百万人	0	0	2	4	5		
中度工作贫困（按购买力平价计算每日1.90~3.20美元）	百万人	2	2	4	4	4		
极端工作贫困（按购买力平价计算每日不足1.90美元）	%	0.9	0.7	3.4	8.3	8.9		
中度工作贫困（按购买力平价计算每日1.90~3.20美元）	%	6.6	4.4	7.7	7.2	8.2		

C11.阿拉伯国家（续）

指标	单位	女性		男性		青年		成人	
		2019年	2020年	2019年	2020年	2019年	2020年	2019年	2020年
劳动力	百万人	9.1	9.1	49.2	49.1	8.0	7.6	50.4	50.7
劳动力参与率	%	18.2	17.7	77.5	75.6	27.9	26.5	59.2	57.7
就业	百万人	7.4	7.1	46.2	45.3	6.1	5.6	47.5	46.9
就业人口比	%	14.8	13.9	72.7	69.8	21.4	19.6	55.8	53.4
失业人口	百万人	1.7	2.0	3.0	3.8	1.8	2.0	2.9	3.8
失业率	%	18.6	21.7	6.2	7.7	23.1	26.0	5.8	7.5
潜在劳动力	百万人	2.7	3.0	1.9	2.7	1.6	2.0	2.9	3.7
失业率和潜在劳动力的综合比率（LU3）	%	37.0	40.9	9.6	12.5	36.0	41.3	10.9	13.7
总劳动力利用不足	百万人	4.9		7.7		3.9		8.7	
劳动力利用不足综合率（LU4）	%	41.3		15.1		40.6		16.3	
有偿带薪工人	百万人	7	7	37	36				
自营职业者	百万人	1	1	9	9				
有偿带薪工人占比	%	92.3	91.8	80.0	80.1				
自营职业者占比	%	7.7	8.2	20.0	19.9				
需要低技能的职业	百万个	2	2	11	11				
需要中等技能的职业	百万个	2	2	25	24				
需要高技能的职业	百万个	3	3	10	10				
需要低技能的职业占比	%	25.9	26.8	24.1	24.7				
需要中等技能的职业占比	%	31.6	30.0	53.4	52.2				
需要高技能的职业占比	%	42.4	43.2	22.5	23.0				

C12. 东亚

指标	单位	合计（15岁以上）						
		2005年	2010年	2015年	2019年	2020年	2021年	2022年
每周总工时（48小时全职等价工时）	百万小时	845	844	847	830	791	812	814
每周总工时与15~64岁人口的比率		36.2	34.8	34.5	34.1	32.5	33.5	33.6
劳动力	百万人	901	917	935	936	923	930	929
劳动力参与率	%	71.8	69.8	68.9	67.6	66.4	66.6	66.3
就业	百万人	861	876	893	895	879	887	888
就业人口比	%	68.7	66.7	65.8	64.7	63.2	63.5	63.3
失业人口	百万人	40	41	41	41	44	43	41
失业率	%	4.4	4.5	4.4	4.4	4.8	4.6	4.5
潜在劳动力	百万人	17	21	22	24	36	26	25
失业率和潜在劳动力的综合比率（LU3）	%	6.2	6.6	6.7	6.8	8.3	7.2	6.9
总劳动力利用不足	百万人	101	104	105	104			
劳动力利用不足综合率（LU4）	%	11.0	11.1	11.0	10.9			
有偿带薪工人	百万人	403	460	498	522	516		
自营职业者	百万人	458	416	396	374	363		
有偿带薪工人占比	%	46.8	52.5	55.7	58.3	58.7		
自营职业者占比	%	53.2	47.5	44.3	41.7	41.3		
需要低技能的职业	百万个	399	355	322	300	294		
需要中等技能的职业	百万个	348	398	431	444	435		
需要高技能的职业	百万个	114	123	141	151	151		
需要低技能的职业占比	%	46.3	40.5	36.0	33.5	33.4		
需要中等技能的职业占比	%	40.4	45.5	48.2	49.6	49.4		
需要高技能的职业占比	%	13.2	14.1	15.7	16.8	17.1		
极端工作贫困（按购买力平价计算每日不足1.90美元）	百万人	150	103	9	5	7		
中度工作贫困（按购买力平价计算每日1.90~3.20美元）	百万人	174	118	59	26	34		
极端工作贫困（按购买力平价计算每日不足1.90美元）	%	17.4	11.7	1.0	0.5	0.8		
中度工作贫困（按购买力平价计算每日1.90~3.20美元）	%	20.2	13.4	6.6	2.9	3.9		

C12.东亚（续）

指标	单位	女性		男性		青年		成人	
		2019年	2020年	2019年	2020年	2019年	2020年	2019年	2020年
劳动力	百万人	409.5	400.6	526.7	522.2	90.0	85.9	846.2	837.0
劳动力参与率	%	59.8	58.2	75.3	74.3	45.7	44.1	71.2	70.0
就业	百万人	394.0	383.7	501.4	495.0	80.6	76.3	814.8	802.4
就业人口比	%	57.5	55.8	71.7	70.4	40.9	39.2	68.6	67.1
失业人口	百万人	15.5	16.8	25.3	27.2	9.3	9.6	31.5	34.5
失业率	%	3.8	4.2	4.8	5.2	10.4	11.1	3.7	4.1
潜在劳动力	百万人	10.9	15.2	13.6	20.6	5.6	7.6	18.9	28.2
失业率和潜在劳动力的综合比率（LU3）	%	6.3	7.7	7.2	8.8	15.6	18.3	5.8	7.2
总劳动力利用不足	百万人	45.9		58.5		19.6		84.8	
劳动力利用不足综合率（LU4）	%	10.9		10.8		20.6		9.8	
有偿带薪工人	百万人	227	223	295	293				
自营职业者	百万人	167	161	206	202				
有偿带薪工人占比	%	57.5	58.0	58.9	59.2				
自营职业者占比	%	42.5	42.0	41.1	40.8				
需要低技能的职业	百万个	130	127	170	167				
需要中等技能的职业	百万个	196	188	249	246				
需要高技能的职业	百万个	68	69	83	82				
需要低技能的职业占比	%	33.1	33.1	33.9	33.7				
需要中等技能的职业占比	%	49.7	49.0	49.6	49.8				
需要高技能的职业占比	%	17.2	17.9	16.6	16.6				

C13. 东南亚和太平洋地区

指标	单位	合计（15岁以上）						
		2005年	2010年	2015年	2019年	2020年	2021年	2022年
每周总工时（48小时全职等价工时）	百万小时	237	267	280	291	270	282	294
每周总工时与15~64岁人口的比率		29.4	30.4	29.6	29.4	27.0	28.0	28.9
劳动力	百万人	282	313	337	354	350	357	365
劳动力参与率	%	67.4	68.3	67.9	67.4	65.6	66.2	66.7
就业	百万人	269	302	327	345	338	345	353
就业人口比	%	64.4	66.1	65.8	65.7	63.5	63.9	64.6
失业人口	百万人	12	10	10	9	11	13	12
失业率	%	4.4	3.3	3.0	2.6	3.2	3.6	3.2
潜在劳动力	百万人	12	12	13	10	13	12	11
失业率和潜在劳动力的综合比率（LU3）	%	8.2	6.9	6.5	5.3	6.8	6.7	6.0
总劳动力利用不足	百万人	36	35	35	32			
劳动力利用不足综合率（LU4）	%	12.1	10.9	10.0	8.9			
有偿带薪工人	百万人	109	132	163	179	175		
自营职业者	百万人	161	171	163	166	163		
有偿带薪工人占比	%	40.3	43.6	50.0	51.8	51.8		
自营职业者占比	%	59.7	56.4	50.0	48.2	48.2		
需要低技能的职业	百万个	134	142	139	137	133		
需要中等技能的职业	百万个	102	120	137	154	152		
需要高技能的职业	百万个	33	40	50	55	54		
需要低技能的职业占比	%	49.9	47.1	42.6	39.6	39.2		
需要中等技能的职业占比	%	37.8	39.6	42.1	44.5	44.9		
需要高技能的职业占比	%	12.3	13.3	15.3	15.9	16.0		
极端工作贫困（按购买力平价计算每日不足1.90美元）	百万人	44	26	14	9	13		
中度工作贫困（按购买力平价计算每日1.90~3.20美元）	百万人	73	63	51	38	47		
极端工作贫困（按购买力平价计算每日不足1.90美元）	%	16.4	8.7	4.4	2.6	3.9		
中度工作贫困（按购买力平价计算每日1.90~3.20美元）	%	27.3	20.9	15.6	11.0	14.0		

C13.东南亚和太平洋地区（续）

指标	单位	女性		男性		青年		成人	
		2019年	2020年	2019年	2020年	2019年	2020年	2019年	2020年
劳动力	百万人	149.9	147.0	204.4	202.6	54.4	51.2	299.9	298.4
劳动力参与率	%	56.5	54.6	78.6	76.9	46.9	44.2	73.2	71.6
就业	百万人	146.2	142.5	198.9	195.8	49.5	46.1	295.7	292.2
就业人口比	%	55.1	52.9	76.5	74.3	42.7	39.8	72.2	70.1
失业人口	百万人	3.7	4.5	5.4	6.7	4.9	5.1	4.3	6.1
失业率	%	2.5	3.1	2.6	3.3	8.9	10.0	1.4	2.1
潜在劳动力	百万人	5.8	7.0	4.3	6.3	3.9	4.8	6.3	8.5
失业率和潜在劳动力的综合比率（LU3）	%	6.1	7.5	4.7	6.2	15.0	17.8	3.4	4.8
总劳动力利用不足	百万人	15.1		17.3		11.4		21.0	
劳动力利用不足综合率（LU4）	%	9.7		8.3		19.6		6.9	
有偿带薪工人	百万人	70	68	109	107				
自营职业者	百万人	77	74	90	89				
有偿带薪工人占比	%	47.7	47.8	54.8	54.6				
自营职业者占比	%	52.3	52.2	45.2	45.4				
需要低技能的职业	百万个	52	50	84	82				
需要中等技能的职业	百万个	67	66	86	86				
需要高技能的职业	百万个	27	26	28	28				
需要低技能的职业占比	%	35.8	35.4	42.4	42.0				
需要中等技能的职业占比	%	45.9	46.1	43.5	44.0				
需要高技能的职业占比	%	18.3	18.5	14.1	14.1				

C14. 南亚

指标	单位	合计（15岁以上）						
		2005年	2010年	2015年	2019年	2020年	2021年	2022年
每周总工时（48小时全职等价工时）	百万小时	519	551	585	617	547	614	636
每周总工时与15~64岁人口的比率		25.4	24.4	23.6	23.4	20.4	22.6	23.1
劳动力	百万人	603	632	666	703	674	713	731
劳动力参与率	%	57.2	54.0	51.7	50.8	47.9	49.9	50.3
就业	百万人	571	599	630	666	628	670	690
就业人口比	%	54.1	51.2	48.9	48.2	44.6	46.8	47.5
失业人口	百万人	32	33	36	37	46	44	41
失业率	%	5.4	5.3	5.5	5.3	6.8	6.1	5.7
潜在劳动力	百万人	9	11	12	14	24	17	15
失业率和潜在劳动力的综合比率（LU3）	%	6.8	6.9	7.1	7.1	10.1	8.3	7.6
总劳动力利用不足	百万人	63	66	69	73			
劳动力利用不足综合率（LU4）	%	10.3	10.2	10.2	10.2			
有偿带薪工人	百万人	121	134	166	195	175		
自营职业者	百万人	450	465	463	471	453		
有偿带薪工人占比	%	21.1	22.4	26.4	29.3	27.9		
自营职业者占比	%	78.9	77.6	73.6	70.7	72.1		
需要低技能的职业	百万个	340	361	347	352	334		
需要中等技能的职业	百万个	183	169	197	217	201		
需要高技能的职业	百万个	49	69	86	98	93		
需要低技能的职业占比	%	59.5	60.3	55.1	52.9	53.1		
需要中等技能的职业占比	%	32.0	28.2	31.2	32.5	32.1		
需要高技能的职业占比	%	8.5	11.6	13.7	14.6	14.8		
极端工作贫困（按购买力平价计算每日不足1.90美元）	百万人	178	135	76	45	62		
中度工作贫困（按购买力平价计算每日1.90~3.20美元）	百万人	210	226	210	178	225		
极端工作贫困（按购买力平价计算每日不足1.90美元）	%	31.3	22.6	12.0	6.7	9.8		
中度工作贫困（按购买力平价计算每日1.90~3.20美元）	%	36.8	37.8	33.4	26.7	35.9		

C14.南亚（续）

指标	单位	女性		男性		青年		成人	
		2019年	2020年	2019年	2020年	2019年	2020年	2019年	2020年
劳动力	百万人	157	144	547	530	110	91	594	582
劳动力参与率	%	23.3	21.0	76.9	73.3	31.4	26.0	57.4	55.1
就业	百万人	148	135	518	493	90	75	577	553
就业人口比	%	22.0	19.8	72.9	68.1	25.6	21.2	55.8	52.4
失业人口	百万人	9	9	28	37	20	17	17	29
失业率	%	5.8	5.9	5.1	7.0	18.3	18.4	2.9	5.0
潜在劳动力	百万人	6	8	8	17	7	9	7	15
失业率和潜在劳动力的综合比率（LU3）	%	9.3	10.8	6.5	9.8	23.0	26.0	4.0	7.4
总劳动力利用不足	百万人	18		55		31		42	
劳动力利用不足综合率（LU4）	%	11.3		9.8		26.2		7.1	
有偿带薪工人	百万人	39	35	156	141				
自营职业者	百万人	108	101	363	352				
有偿带薪工人占比	%	26.7	25.5	30.1	28.6				
自营职业者占比	%	73.3	74.5	69.9	71.4				
需要低技能的职业	百万个	96	88	257	245				
需要中等技能的职业	百万个	30	27	186	175				
需要高技能的职业	百万个	22	20	76	72				
需要低技能的职业占比	%	64.7	65.0	49.5	49.8				
需要中等技能的职业占比	%	20.5	19.9	35.9	35.5				
需要高技能的职业占比	%	14.7	15.1	14.6	14.7				

C15. 北欧、南欧和西欧

指标	单位	合计（15岁以上）						
		2005年	2010年	2015年	2019年	2020年	2021年	2022年
每周总工时（48小时全职等价工时）	百万小时	148	148	149	157	142	148	154
每周总工时与15~64岁人口的比率		24.6	24.2	24.4	25.8	23.3	24.3	25.5
劳动力	百万人	207	215	219	224	221	223	224
劳动力参与率	%	57.2	57.6	57.7	58.2	57.4	57.6	57.8
就业	百万人	189	193	197	208	205	206	208
就业人口比	%	52.3	51.9	51.9	54.1	53.1	53.2	53.7
失业人口	百万人	18	21	22	16	17	17	16
失业率	%	8.7	9.9	10.0	7.0	7.6	7.7	7.1
潜在劳动力	百万人	10	10	11	10	12	10	10
失业率和潜在劳动力的综合比率（LU3）	%	12.9	14.0	14.4	10.8	12.4	11.8	10.9
总劳动力利用不足	百万人	35	43	46	35			
劳动力利用不足综合率（LU4）	%	16.0	19.2	19.9	15.1			
有偿带薪工人	百万人	158	162	166	177	174		
自营职业者	百万人	31	31	31	31	30		
有偿带薪工人占比	%	83.4	84.0	84.4	85.0	85.2		
自营职业者占比	%	16.6	16.0	15.6	15.0	14.8		
需要低技能的职业	百万个	25	24	24	25	23		
需要中等技能的职业	百万个	90	89	89	92	88		
需要高技能的职业	百万个	75	80	84	92	93		
需要低技能的职业占比	%	13.0	12.6	12.4	11.8	11.3		
需要中等技能的职业占比	%	47.4	46.0	45.2	44.1	43.0		
需要高技能的职业占比	%	39.6	41.3	42.4	44.1	45.7		

C15.北欧、南欧和西欧（续）

指标	单位	女性		男性		青年		成人	
		2019年	2020年	2019年	2020年	2019年	2020年	2019年	2020年
劳动力	百万人	103.6	102.3	120.2	119.0	21.7	20.9	202.0	200.4
劳动力参与率	%	52.4	51.7	64.3	63.4	44.0	42.6	60.3	59.6
就业	百万人	96.1	94.4	112.1	110.2	18.5	17.4	189.7	187.2
就业人口比	%	48.7	47.7	59.9	58.7	37.5	35.4	56.6	55.6
失业人口	百万人	7.5	8.0	8.1	8.8	3.2	3.5	12.4	13.2
失业率	%	7.2	7.8	6.7	7.4	14.9	16.9	6.1	6.6
潜在劳动力	百万人	5.4	6.5	4.3	5.6	2.2	2.7	7.5	9.3
失业率和潜在劳动力的综合比率（LU3）	%	11.8	13.3	9.9	11.5	22.7	26.5	9.5	10.8
总劳动力利用不足	百万人	18.9		16.4		7.0		28.3	
劳动力利用不足综合率（LU4）	%	17.3		13.2		29.1		13.5	
有偿带薪工人	百万人	85	84	92	90				
自营职业者	百万人	11	10	21	20				
有偿带薪工人占比	%	88.9	88.9	81.7	82.0				
自营职业者占比	%	11.1	11.1	18.3	18.0				
需要低技能的职业	百万个	12	11	13	12				
需要中等技能的职业	百万个	40	39	51	49				
需要高技能的职业	百万个	44	45	48	48				
需要低技能的职业占比	%	12.1	11.4	11.5	11.2				
需要中等技能的职业占比	%	42.1	40.8	45.9	44.9				
需要高技能的职业占比	%	45.7	47.7	42.7	43.9				

C16. 东欧

指标	单位	合计（15岁以上）						
		2005年	2010年	2015年	2019年	2020年	2021年	2022年
每周总工时（48小时全职等价工时）	百万小时	107	109	110	109	100	101	104
每周总工时与15~64岁人口的比率		24.6	25.0	25.9	26.7	24.6	25.3	26.3
劳动力	百万人	145.6	147.6	146.5	143.5	141.5	140.4	140.1
劳动力参与率	%	57.8	58.8	59.2	58.8	58.2	57.9	57.9
就业	百万人	132.9	135.8	136.8	136.6	133.4	132.8	133.2
就业人口比	%	52.8	54.1	55.3	56.0	54.8	54.7	55.0
失业人口	百万人	12.7	11.8	9.7	6.8	8.1	7.6	6.9
失业率	%	8.7	8.0	6.6	4.8	5.7	5.4	4.9
潜在劳动力	百万人	4.7	4.4	3.5	2.9	4.4	3.3	2.8
失业率和潜在劳动力的综合比率（LU3）	%	11.6	10.6	8.8	6.7	8.6	7.6	6.8
总劳动力利用不足	百万人	19.5	18.3	15.1	11.1			
劳动力利用不足综合率（LU4）	%	13.0	12.0	10.0	7.6			
有偿带薪工人	百万人	114	118	120	120	117		
自营职业者	百万人	19	18	17	17	17		
有偿带薪工人占比	%	85.4	86.7	87.5	87.7	87.5		
自营职业者占比	%	14.6	13.3	12.5	12.3	12.5		
需要低技能的职业	百万个	25	23	20	18	18		
需要中等技能的职业	百万个	62	62	62	63	61		
需要高技能的职业	百万个	46	51	54	56	55		
需要低技能的职业占比	%	18.6	16.6	14.7	13.3	13.1		
需要中等技能的职业占比	%	46.9	45.6	45.5	46.1	45.7		
需要高技能的职业占比	%	34.5	37.8	39.8	40.6	41.2		

C16.东欧（续）

指标	单位	女性		男性		青年		成人	
		2019年	2020年	2019年	2020年	2019年	2020年	2019年	2020年
劳动力	百万人	67.7	66.6	75.8	74.9	9.2	8.6	134.3	132.9
劳动力参与率	%	51.5	50.8	67.3	66.7	32.4	30.8	62.3	61.7
就业	百万人	64.5	62.7	72.1	70.7	7.9	7.3	128.7	126.1
就业人口比	%	49.1	47.9	64.0	62.9	27.9	26.1	59.7	58.6
失业人口	百万人	3.1	3.8	3.7	4.3	1.3	1.3	5.6	6.8
失业率	%	4.6	5.8	4.9	5.7	13.9	15.5	4.1	5.1
潜在劳动力	百万人	1.5	2.2	1.4	2.2	0.6	0.6	2.3	3.8
失业率和潜在劳动力的综合比率（LU3）	%	6.7	8.8	6.6	8.4	19.2	21.2	5.8	7.7
总劳动力利用不足	百万人	5.4		5.8		2.1		9.1	
劳动力利用不足综合率（LU4）	%	7.7		7.5		21.0		6.7	
有偿带薪工人	百万人	58	57	62	60				
自营职业者	百万人	6	6	10	10				
有偿带薪工人占比	%	90.1	90.1	85.5	85.2				
自营职业者占比	%	9.9	9.9	14.5	14.8				
需要低技能的职业	百万个	8	8	10	9				
需要中等技能的职业	百万个	24	23	39	38				
需要高技能的职业	百万个	32	31	24	24				
需要低技能的职业占比	%	13.1	12.9	13.4	13.3				
需要中等技能的职业占比	%	37.5	37.0	53.8	53.3				
需要高技能的职业占比	%	49.4	50.1	32.8	33.3				

C17. 中亚和西亚

指标	单位	合计（15岁以上）						
		2005年	2010年	2015年	2019年	2020年	2021年	2022年
每周总工时（48小时全职等价工时）	百万小时	48	52	58	60	53	58	61
每周总工时与15~64岁人口的比率		24.0	23.6	24.4	23.9	21.0	22.5	23.4
劳动力	百万人	59.0	65.2	72.5	77.1	75.0	77.2	79.0
劳动力参与率	%	55.5	55.9	57.3	57.3	55.0	55.9	56.5
就业	百万人	53.6	59.5	66.7	70.0	67.6	69.1	71.2
就业人口比	%	50.3	51.1	52.7	52.0	49.6	50.0	50.9
失业人口	百万人	5.5	5.7	5.8	7.1	7.4	8.2	7.8
失业率	%	9.3	8.7	8.0	9.3	9.8	10.6	9.9
潜在劳动力	百万人	3.0	3.4	3.5	3.5	5.7	4.3	3.7
失业率和潜在劳动力的综合比率（LU3）	. %	13.7	13.2	12.3	13.2	16.1	15.3	13.9
总劳动力利用不足	百万人	10.2	11.7	12.1	13.2			
劳动力利用不足综合率（LU4）	%	16.4	17.0	16.0	16.4			
有偿带薪工人	百万人	30	36	43	47	46		
自营职业者	百万人	24	24	24	23	22		
有偿带薪工人占比	%	55.8	59.8	64.5	67.1	68.0		
自营职业者占比	%	44.2	40.2	35.5	32.9	32.0		
需要低技能的职业	百万个	24	24	25	24	23		
需要中等技能的职业	百万个	18	22	26	28	27		
需要高技能的职业	百万个	12	13	16	17	17		
需要低技能的职业占比	%	44.4	41.0	37.2	34.7	34.6		
需要中等技能的职业占比	%	34.0	36.5	39.1	40.7	40.1		
需要高技能的职业占比	%	21.6	22.5	23.7	24.6	25.3		
极端工作贫困（按购买力平价计算每日不足1.90美元）	百万人	6	3	2	1	1		
中度工作贫困（按购买力平价计算每日1.90~3.20美元）	百万人	7	6	5	4	5		
极端工作贫困（按购买力平价计算每日不足1.90美元）	%	11.5	5.8	2.6	1.6	1.9		
中度工作贫困（按购买力平价计算每日1.90~3.20美元）	%	12.3	10.4	7.9	6.1	7.4		

C17.中亚和西亚（续）

指标	单位	女性		男性		青年		成人	
		2019年	2020年	2019年	2020年	2019年	2020年	2019年	2020年
劳动力	百万人	30.2	28.9	46.9	46.0	12.1	11.0	65.0	64.0
劳动力参与率	%	43.7	41.3	71.6	69.3	42.4	38.8	61.3	59.2
就业	百万人	27.2	26.0	42.7	41.6	9.9	8.9	60.1	58.7
就业人口比	%	39.4	37.1	65.3	62.7	34.8	31.5	56.6	54.3
失业	百万人	3.0	2.9	4.2	4.4	2.2	2.1	5.0	5.3
失业率	%	9.8	10.2	8.9	9.6	17.9	18.8	7.6	8.3
潜在劳动力	百万人	2.1	2.9	1.4	2.7	1.0	1.6	2.5	4.0
失业率和潜在劳动力的综合比率（LU3）	%	15.6	18.5	11.5	14.6	24.1	29.3	11.0	13.7
总劳动力利用不足	百万人	6.3		7.0		3.6		9.6	
劳动力利用不足综合率（LU4）	%	19.4		14.4		27.9		14.2	
有偿带薪工人	百万人	18	18	29	28				
自营职业者	百万人	9	8	14	13				
有偿带薪工人占比	%	66.5	67.7	67.6	68.1				
自营职业者占比	%	33.5	32.3	32.4	31.9				
需要低技能的职业	百万个	10	10	14	14				
需要中等技能的职业	百万个	9	8	20	19				
需要高技能的职业	百万个	8	8	9	9				
需要低技能的职业占比	%	38.2	37.4	32.4	32.9				
需要中等技能的职业占比	%	32.4	31.9	45.9	45.2				
需要高技能的职业占比	%	29.3	30.7	21.6	21.9